Johanna Esser

Hunde erziehen

So arbeiten die besten Hundetrainer

Johanna Esser

Hunde erziehen

So arbeiten die besten Hundetrainer

Einbandgestaltung: Sven Rauert

Titelbild: Robertino Nikolic

Bildnachweis: Thomas Baumann: S. 23; Thomas Blank: S. 202, 203, 204; Anton Fichtlmeier: S. 44, 47, 48, 49, 50, 51, 53, 54; Petra Führmann: S. 79; Katja Geb-Mann: S. 81; Michael Grewe: S. 101; Renate Jones-Baade: S. 118; Uli Köppel: S. 123, 125, 126, 128, 129, 130, 132, 133, 134; Amelie Losier: S. 150, 160; Perdita Lübbe-Scheuermann: S. 139, 140; Nadin Matthews: S. 156, 174; Jan Nijboer: S. 167, Grande/Kosmos S. 188, 181, 182, 183, 185, 187; Nina Reitz: S. 38, 90, 114, 198; Lars Thiemann: S. 155; Clarissa v. Reinhardt: S. 195.
Alle übrigen Fotos stammen von Johanna Esser

Die in diesem Buch enthaltenen Hinweise und Ratschläge beruhen auf jahrelang gemachten Erfahrungen und gesammelten Erkenntnissen in praktischer und theoretischer Arbeit mit Hunden. Alle Angaben wurden gründlich geprüft. Eine Haftung der Autorin oder des Verlages und seiner Beauftragten für Personen-, Tier-, Sach- und Vermögensschäden ist ausgeschlossen.

ISBN 978-3-275-01762-1

Copyright © 2010 by Müller Rüschlikon Verlag
Postfach 103743, 70032 Stuttgart
Ein Unternehmen der Paul Pietsch Verlage GmbH & Co. KG
Lizenznehmer der Bucheli Verlags AG, Baarerstr. 43, CH-6304 Zug

1. Auflage 2010

Sie finden uns im Internet unter www.mueller-rueschlikon-verlag.de

Lektorat: Claudia König
Innengestaltung: Kerstin Diacont
Druck und Bindung: L.E.G.O., 36100 Vicenza
Printed in Italy

»Ein Leben ohne Hunde
ist ein Leben, aber ein armes.«

(Erich Kästner)

Inhalt

Vorwort

Hundetraining: Für wen, warum und wie?

Hunde verschaffen heute vielen Menschen Berufe, für einige stellen sie sogar ein Lebensziel dar – das war nicht immer so. Natürlich gab es schon immer Menschen, die sich um Hunde und um andere Tiere kümmerten, wobei das »Trainieren« lange Zeit nur einen kleinen Teil ihrer Arbeit ausmachte. Prozesse, die wir heute als »Sozialisierung« bezeichnen, passierten schon immer automatisch, damals wie heute. Niemand hat sich darüber Gedanken oder sogar Sorgen gemacht, warum etwas wie ist. Tiere und Menschen lebten zusammen, jeder hatte seinen Platz und seine Aufgabe. Einige Berufe, wie beispielsweise die des Jägers oder Schäfers, brachten es jedoch schon immer mit sich, dass Hunde zu einem bestimmten Zweck trainiert werden mussten. Hunde waren in diesen Fällen nützlich und in den meisten Fällen war es keine »Liebhaberei«, mit ihnen Schafe zu hüten oder auf die Jagd zu gehen, sondern eine schlaue Lösung, um mit geringem Aufwand einen großen Gewinn zu erzielen: Hund bezogen weder Gehalt, noch brauchten sie viel Platz.

Von damals bis heute ist viel Zeit ins Land gegangen, es ist viel passiert und es hat sich viel geändert – auch im Zusammenleben von Mensch und Hund. Heute spielen Hunde sehr unterschiedliche Rollen in unserer Gesellschaft. Einige Menschen sehen sie als industrielle Produkte mit einem gewissen Aussehen, was ihnen Ansehen und unter Umständen auch Geld einbringt. Für andere ist der Hund »nur« ein Freund, mit dem man sich einfach wohlfüh-

len und die Freizeit genießen kann. Und dann gibt es noch die Menschen, die über den Hund etwas signalisieren, etwas »Gutes« tun oder Hunde »retten« möchten. Hund übernehmen aber auch Aufgaben, die wir Menschen nicht erfüllen können: Hunde verfolgen Spuren, finden Sprengstoff, Drogen oder Menschen und helfen behinderten Menschen – sei es durch ihre Hilfe im Alltag oder einfach durch ihre Nähe und Loyalität.

Einerseits entfernen wir Menschen uns immer mehr von der Natur, andererseits holen wir uns diese durch einen Hund in die eigenen vier Wände. Genau hier finden wir heute den Platz des Hundetrainers. Er übernimmt quasi die Rolle eines Mediators, der den Menschen über den Hund wieder mit seiner unmittelbaren Natur verbindet. Nimmt man dieses Konzept ernst, muss man sich fragen, warum man dieses Tun eigentlich als Hundetraining bezeichnet. Denn – ist es wirklich nur der Hund, der etwas lernen muss? Sollte man nicht vielmehr von »Hunde- und Menschentraining« sprechen? Oder ist das Kleinkrämerei? Vielleicht ja, aber denken wir doch einmal nach. Wenn ein Hundebesitzer hört, dass sein Hund »trainiert« werden muss, braucht er sich selbst nicht mehr viel damit zu beschäftigen. Die Verantwortung liegt ja beim Hundetrainer und beim Hund. In Wirklichkeit ist es aber so, dass der Mensch selbst in der Verantwortung steht, für das, was mit ihm und mit seinem Hund geschieht. Ganz allein er muss über die Beziehung zu seinem Hund entscheiden. Natürlich sollte sich der verantwortungsbewusste Hundebesitzer Rat bei Fachleuten holen, gerade dann, wenn es um die Anschaffung des ersten Hundes geht. Hier kommt wieder der Hundetrainer ins Spiel. Er muss erkennen, ob der (potenzielle) Hundebesitzer mit einem Hund umgehen kann und ob die Mensch-Hund-Passung stimmt. Außerdem muss er wissen, wie er aus zwei unterschiedlichen »Seelen« eine funktionierende »Einheit« schaffen kann, und was zu tun ist, wenn Probleme auftauchen.

All diese Dinge muss ein Hundetrainer einschätzen und vermitteln können. Weiß er nicht weiter, steht er meistens alleine da. Streng genommen gibt es den Beruf des Hundetrainers ja ohnehin nicht, ich würde hier vielmehr von einer »Beschäftigung« sprechen. Da die Situation aber ernst ist, müssen die Probleme in dieser Berufssparte klar benannt werden. Dazu ein Beispiel: Für den Beruf des Architekten gibt es ein allgemeines Studium, in welchem jeder Student die Grundlagen dieses Berufs erlernt, unabhängig von Land und Sprache, lokalen Präferenzen oder gar Philosophien. Das heißt zum Beispiel, dass ein Architekt eine Brücke aus Holz, Stahl oder Stein bauen kann, wenn er dafür einen Auftrag bekommt. Er hat auch gelernt, welches Material für welche Brücke am besten ist, wie viel die Brücke kosten und wie lange der Bau dauern wird. Natürlich kann der Architekt auch ästhetische Vorlieben des Auftraggebers berücksichtigen, wenn dies gewünscht ist. Insgesamt hat er aber die Technologie des Brückenbaus im Griff und wird eine gute Lösung finden. Eine solche Technologie bzw. Grundlage, auf der alle Hundetrainer aufbauen, gibt es leider nicht. Was es aber gibt, sind Meinungen, Philosophien, Weltanschauungen oder regelrechte Glaubensrichtungen. Eine wirkliche Technologie oder ein allgemein gültiges Basiswissen ist daher im Bereich des Hundetrainings dringend erforderlich und nur dann zu haben, wenn naturwissenschaftliche Methoden verglichen und ausgewertet werden. Der Beruf des Hundetrainers braucht einen wissenschaftlichen Hintergrund. Nur dann kann das vorhandene Wissen strukturiert und in Bildungsorganisationen (Hochschulen, Universitäten) als Studium angeboten werden. Wenn dann alles gut läuft, kann sich nach einigen Jahren aus der »Beschäftigung« ein Berufsbild entwickeln.

Trotz aller Schwierigkeiten glaube ich, dass sich die Situation um Hundetrainer und deren Wissenshintergrund in Deutschland langsam verbessert, weil auch die biologische Forschung Interesse an Hunden gefunden hat (1). Hier geht es nicht nur um Kynologie, sondern auch um alle anderen Fächer der Biologie – von Genetik, über Verhaltensforschung, Ökologie und Tierschutz, bis hin zu Medizin und angewandter Psychologie. All diese Bereiche haben begonnen, interdisziplinär zu arbeiten und die Grundlagen der Mensch-Hund-Beziehung zu erforschen. Darüber hinaus arbeiten Tierärzte, Ethologen und Psychologen zusammen, um ein biologisch fundiertes Wissen zu generieren. Natürlich gibt es hier noch viel zu tun und es wäre wünschenswert, wenn Hundehalter und Hundetrainer offen wären, und ihre Hunde und Erfahrungen zur Verfügung stellen, damit sie von Wissenschaftlern kritisch ausgewertet werden können.

Wir können das Ziel, mehr über Menschen und Hunde zu erfahren, nur dann erreichen, wenn es uns gelingt, eine moderne »Hundebiologie« zu entwickeln, die als Fachstudium erlernt werden kann. Persönlich glaube ich, dass ein allgemein gültiges Studium vielen Meinungen und Philosophien den Wind aus den Segeln nehmen würde, was in erster Linie unseren Hunden zugute käme.

Jetzt aber wünsche ich allen Lesern dieses Buches viel Spaß und viele gute – und vor allen Dingen eigene – Gedanken, die hoffentlich zum Wohlergehen unserer Hunde führen.

Ádám Miklósi
Lehrstuhl für Ethologie
Eötvös Loránd Universität, Budapest, Ungarn
Im Juli 2010

(1) Ádám Miklósi
Hunde – Evolution, Kognition und Verhalten
ISBN 978-3-440-12462-8
Kosmos Verlag

Einleitung

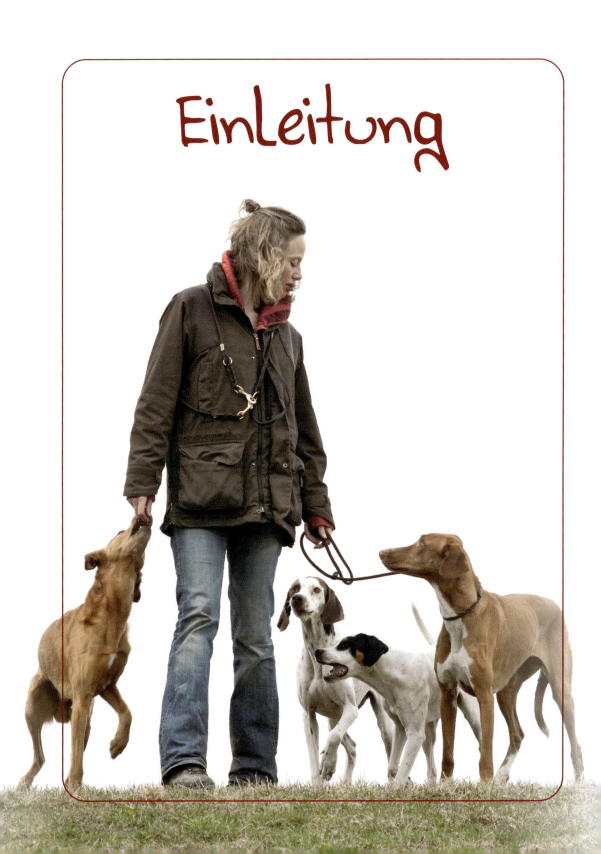

Hundetrainer gibt es mittlerweile wie »Sand am Meer«. Erziehungsmethoden, Trainingsphilosophien, Berufsauffassungen und Definitionen vom artgerechten Umgang mit dem Hund vermischen sich mit werbewirksamen, aber irreführenden Slogans wie »gewaltfreie Erziehung«, »der sanfte Weg der Hundeerziehung«, »Hundeerziehung nach dem Rudelkonzept«, »Hundeerziehung ohne Bestrafung«, »Hundeerziehung ohne Zwang« oder »positiv bestärken – sanft erziehen«. Was aber bedeutet das alles wirklich? Kann Hundeerziehung ohne Bestrafung funktionieren? Was bedeutet gewaltfreie Erziehung, und was ist denn bitte genau unter »positiv bestärken« zu verstehen? Was immer die einzelnen Wege der Hundeerziehung versprechen, in jedem Fall sollte man sich als Hundehalter immer der Tatsache bewusst sein, dass Hundeerziehung eine hoch soziale Angelegenheit ist, dass Reibungen und Konflikte im gemeinsamen Zusammenleben genauso dazugehören wie Harmonie, und dass die Gesellschaftsfähigkeit eines Hundes immer wichtiger wird.

Ein Hundehalter ist dieser Flut an Meinungen und Einstellungen nahezu hilflos ausgesetzt, muss er sich doch zwischen alldem entscheiden und den richtigen Weg für sich und seinen Hund finden. Keine leichte Aufgabe. Der Weg in die Hundeschule, zu einem Hundetrainer, Verhaltensberater oder Hundeerzieher ist für viele Menschen das Mittel der Wahl und birgt die Hoffnung in sich, damit das Richtige getan zu haben. Die Wahl des »richtigen« Hundetrainers ist nicht einfach, hängt es doch von mehreren Faktoren ab, ob die Zusammenarbeit zwischen dem jeweiligen Mensch-Hund-Gespann und

dem Hundetrainer am Ende von Erfolg gekrönt ist. Fachliche Kompetenz und Erfahrung in dem relevanten Bereich sind besonders wichtig, denn es ist ein entscheidender Unterschied, ob jemand ausschließlich mit Welpen arbeitet oder hauptsächlich mit problematischen Hunden zu tun hat. Ein verantwortungsbewusster Hundetrainer sollte seine eigenen Fähigkeiten daher genauso gut und sicher erkennen wie seine Grenzen.

Noch vor nicht allzu langer Zeit, es ist keine zwanzig Jahre her, wurden Hunde in erster Linie stationär ausgebildet, das heißt, man gab sie in der Hundeschule ab, wo ihnen dann die Grundkommandos wie »Sitz, Platz, Fuß und Hier« beigebracht wurden. Heute findet man diese Form der Erziehung nur noch selten, meistens im Bereich der Ausbildung von Arbeitshunden (Jagdhund, Drogenspürhund, Schutzhund usw.). Die Probleme sind heute eher im sozialen Kontext zu finden, im Zusammenleben von Mensch und Hund. Diese hängen wiederum stark mit der Veränderung vom Nutztier Hund zum Sozialpartner Hund zusammen oder – noch konkreter – mit dem Einzug des Hundes in die Familienstrukturen. Hundetrainer müssen folglich gleichermaßen im Umgang mit Menschen und Hunden geschult sein, benötigen Fach- und Beratungskompetenz.

Um Hundehaltern dabei zu helfen, qualifizierte und kompetente Hundetrainer und Hundeschulen von unseriösen unterscheiden zu können, ist eine bundeseinheitliche Prüfung mit abschließender Zertifizierung daher dringend erforderlich. Der Weg dorthin ist bereits geebnet: Die Tierärztekammer Schleswig-Holstein hat, in Verbindung mit dem Innenministerium Schleswig-Holstein und mit Experten aus den Bereichen Tiermedizin, Verhaltenstherapie, Praxis und Wissenschaft, Qualitätskriterien für Hundetrainer/-innen und deren Umsetzung in Form einer Prüfung entwickelt.

Dieses Buch soll Hundehaltern und allen Interessierten einen Einblick in das Leben und Arbeiten von Deutschlands bekanntesten Hundetrainern gewähren, um eine eigene Einschätzung dafür entwickeln zu können, welcher Erziehungsstil der zu ihm und seinem Hund passende ist.

Pritzier, im Juni 2010
Johanna Esser

Thomas Baumann

Deutschlands Hundetrainer

Fragen an Thomas Baumann

1. Ihr Name ist?
Thomas Baumann.

2. Wie alt sind Sie?
50 Jahre.

3. Von Beruf sind Sie?
Hundetrainer, Autor, Sachverständiger.

4. Aus wem besteht Ihre Familie?
Frau Ina, sechs Hunde, Pferd,
Ziege, Gans und Katze.

**5. Welche und wie viele Hunde
besitzen Sie?**
Sechs Schäferhunde (deutsche,
belgische).

6. Welches ist Ihre größte Macke?
Meine angebliche Gutmütigkeit.

**7. Wenn Ihre Hunde Menschen wären,
welche Berufe hätten sie?**
Polizisten, Jäger, Rausschmeißer,
Berufsbettler.

8. Was für ein Hund wären Sie?
Gern Mischling, da kein Rassefanatiker.

**9. Welchen Prominenten würden
Sie gern einmal kennenlernen?**
Heute: Dieter Nuhr.

**10. Wenn Sie König von Deutschland
wären, was würden Sie zuerst tun?**
Abschaffung der Rasselisten.

**11. Was war das Peinlichste, das Ihnen
je passiert ist?**
Unter anderem: Unterlagen zu einem
Abendvortrag zu vergessen.

12. Ihr bisher schönster Tag war?
Die Nachricht des Überlebens meiner
schwerst erkrankten, damals einjähri-
gen Tochter.

13. Ihr bisher schlimmster Tag war?
Unmittelbar vor meinem schönsten Tag.

**14. Wie sind Sie auf den Hund
gekommen?**
Durch intuitives und leidenschaftliches
Wollen. Allerdings erst mit 25 Jahren.

**15. Was schätzen Sie an anderen
Menschen besonders?**
Offenheit, Ehrlichkeit, Humor.

16. Was ist Ihr Lieblingsgericht?
Spaghetti mit Tomatensoße.

17. Was bringt Sie zum Lachen?
Herzliche, offene und fröhliche
Menschen.

**18. Was bedeutet für Sie
Lebensqualität?**
Den Augenblick genießen. Gedanken
an gestern und morgen über Bord
werfen.

**19. Was wünschen Sie sich für die
Zukunft?**
Gesundheit und weiterhin viel
Lebensfreude mit meiner Frau Ina
und unseren Tieren.

20. Wie lautet Ihr Lebensmotto?
Unser Leben ist das, wozu unsere
Gedanken es machen (Erfolgsautor
Dale Carnegie). Positives Denken
bringt positives Leben.

**21. Was möchten Sie allen
Hundehaltern gern einmal sagen?**
Angesichts der drohenden
Vermenschlichung vieler Hunde: Lasst
Hunde noch als Hunde leben, denn
auch sie haben ein Recht auf
Lebensqualität.

Thomas Baumann

Den Blick für das Wesentliche behalten

Der gebürtige Baden-Württemberger kennt es nicht anders: Hunde säumen seit mehr als fünfundzwanzig Jahren seinen Lebensweg. Unter Hundehaltern und Fachleuten zählt der 50-Jährige zu den erfolgreichsten Hundetrainern Deutschlands. Im Rahmen seiner langjährigen nationalen und internationalen Polizeiarbeit war er als Experte mehrere Jahre für Interpol tätig. Darüber hinaus erstellt der erfolgreiche Fachbuchautor als Sachverständiger und Verhaltensexperte Gutachten für Gerichte, Behörden und Versicherungen. Mit der Gründung der Dogworld-Stiftung®, Lebenshilfe für verwaiste Hunde (Ende 2008), setzt sich Thomas Baumann zusammen mit seiner Frau Ina zunehmend für den Tierschutz in Tierheimen ein.

Thomas und Ina Baumann sind ein unschlagbares Team. Gemeinsam managen sie Seminare, Veranstaltungen und das tägliche Leben.

»Ein Leben mit Hunden seit über 25 Jahren«

Thomas und Ina Baumann leben und arbeiten mit ihren Tieren im Objekt der Dogworld-Stiftung® im brandenburgischen Nichel, zirka 60 km südwestlich von Berlin, wo sie auch ein Altersheim für Hundesenioren ins Leben gerufen haben. Dort befindet sich außerdem das Hundezentrum der Baumanns, in dem sie Hund und Halter in vielfältiger Weise zur Verfügung stehen. Besonders bekannt ist Thomas Baumann für seine vielfältigen therapeutischen Erfolge mit extrem schwierigen und vor allem ängstlichen und aggressiven Hunden.

»Zwischen den Zeilen Lesen«

Im Fokus der Arbeit von Thomas Baumann steht immer die Mensch-Hund-Symbiose. Um dieses anspruchsvolle Ziel auch wirklich zu erreichen, beharrt er bei seiner Arbeit auf einem detailliert ausgearbeiteten Trainingskonzept.

»Gerade bei schwierigen Hunden lasse ich mir vor jedem Training eine »Biografie« von Hund und Halter in schriftlicher Form schicken. Davor

Thomas Baumanns Engagement ist groß. Sein neuestes Projekt ist ein Altersheim für Hunde, in dem speziell auf die Bedürfnisse älterer Vierbeiner Rücksicht genommen wird.

Die Mensch-Hund-Symbiose ist das anspruchsvolle Ziel von Thomas Baumann. Dabei ist es für ihn unerheblich, wer da vor ihm steht: Hilfe bekommt jeder Hundehalter, der sich an ihn wendet.

gibt es in der Regel kein persönliches Treffen. Aus diesen Lebensläufen kann ich häufig schon einige grundlegende Dinge zwischen den Zeilen herauslesen, die mir sagen, was in der jeweiligen Mensch-Hund-Beziehung gut läuft und wo die Probleme liegen. Es entstehen Stimmungsbilder, die mir bei meiner Einschätzung sehr helfen«, erklärt Thomas Baumann. »Nach diesem Schritt folgt bei einem ersten Zusammentreffen die Anamnese, die genaue Analyse von Hund und Halter, Haltungs- und Umgangsbedingungen. Dabei ist der Hund bewusst nicht dabei. Der wartet zunächst im Auto«, fährt Thomas Baumann

fort. Warum er so strikt vorgeht, begründet der Hundetrainer sofort: »Ich möchte zu Beginn das alleinige Profil des Hundehalters auf mich wirken lassen, bevor ich den Hund dazuhole. Ist der Hund von Anfang an dabei, vermischen sich die Eindrücke von Mensch und Hund zu schnell, das möchte ich nicht. Hinzu kommt, dass der Hundehalter meist mehr oder weniger stark abgelenkt ist, wenn der Hund dabei ist.« Hat Thomas Baumann nach dieser detaillierten Vorarbeit einen Eindruck von dem jeweiligen Mensch-Hund-Gespann, folgen in der weiteren Arbeit zunächst eine verhaltensanalytische Beurteilung des Hundes, das genaue Beobach-

Schon längst ist ZOS kein Geheimtipp mehr. Deutschlandweit haben Hundehalter diese globale Auslastungsmethode für sich und ihren Hund entdeckt – und sind zufrieden.

ten der Mensch-Hund-Beziehung und anschließend die individuelle Beratung und erst danach das Training.

 »ZOS – die Ziel-Objekt-Suche«

Thomas Baumann ist einer, der sich mit Stillstand nicht abfinden kann. Ständig ist er darum bemüht, neue, modifizierte oder altbewährte Trainings- und Therapiemöglichkeiten weiterzuentwickeln, um Menschen und deren Hunden bei immer diffizileren Problemen helfen zu können. Auf diesem Wege entstand schließlich auch ZOS – die Ziel-Objekt-Suche.

Thomas Baumann suchte nach einer Möglichkeit, Familienhunde hundgerecht auszulasten und zu beschäftigen. ZOS entstammt in seiner Grundstruktur der Spürhundausbildung bei der Polizei, lässt sich aber für Familienhunde in viele Richtungen bedarfsgerecht abwandeln.

»Ziel dieser Methode ist es, die möglichen Ventile eines Hundes zu schließen, beispielsweise auftretende Aggressionen gegen Menschen oder Artgenossen oder das Jagen von Radfahrern und Joggern, beziehungsweise dem Hund eine alternative und vor allem gewollte Auslastung anzubieten«, erklärt der

Hundetrainer den Hintergrund dieser Methode. »ZOS bietet dem Hund eine Globalauslastung, der gesamte Organismus des Vierbeiners wird angesprochen, individuell angepasst an Rasse, Alter und Typ des Hundes«, fährt er fort. »Das ZOS-Training wird in seiner Basis mit dem Klicker aufgebaut. Der Hundehalter konditioniert seinen Vierbeiner zunächst auf einen kleinen Gegenstand, beispielsweise auf ein Feuerzeug oder einfach nur auf einen Kugelschreiber. Ist die Verknüpfung zu diesem Gegenstand erfolgreich hergestellt, was innerhalb kürzester Zeit geschieht, beginnt die eigentliche Auslastung: Die Such- und Spürarbeit nach diesem versteckten Gegenstand. Bringen oder Aufnehmen ist tabu, der Gegenstand wird durch Platz oder Sitz angezeigt. Durch dieses Suchmodell können ZOS-Profis bedenkenlos selbst im häuslichen Bereich Kleinstgegenstände wie Büroklammern suchen, ohne Schaden anzurich-

ten«, beschreibt Thomas Baumann den Trainingsaufbau.

Im Folgenden erläutert der Hundetrainer die Vorteile dieses Trainings: »Der Hund wird durch ZOS im Freizeitbereich intensiv und sinnvoll ausgelastet, und die Bindung zwischen Hund und Besitzer wird durch die Koordinierung des Zweibeiners und die Beschäftigung miteinander gestärkt. Bei »echten« Jägern funktioniert ZOS allerdings als Ablenkung oder Alternative nur in einem gewissen Rahmen, wie alle anderen denkbaren Alternativen auch. Wobei sich die allermeisten vermeintlichen Jäger bei genauem Hinsehen mangels richtiger Auslastung als »Pseudo-Jäger« entpuppen. Bei echten Jägern kombiniere ich das Training oft mit anderen Hilfsmitteln und Strategien. Aber ZOS ist ja auch in erster Linie dazu gedacht, den normalen bis übermäßig temperamentvollen

Die internationalen ZOS-Meisterschaften zeigen jedes Jahr aufs Neue, dass ZOS mit jedem Hund machbar ist. Rasse, Größe oder Alter des Hundes spielen dabei keine Rolle.

Familienhund sinnvoll zu beschäftigen. Ein sehr wichtiger Nebeneffekt beim ZOS-Training ist außerdem, dass die Hundehalter bei dieser Arbeit lernen, ihre eigene Feinmotorik in der Körpersprache zu optimieren und ihre Hunde besser zu lesen. Besonders attraktiv wird ZOS durch seine hohe Wettkampftauglichkeit. Wir verzeichnen eine sprunghafte Teilnehmernachfrage bei unseren internationalen ZOS-Meisterschaften«, erläutert Thomas Baumann.

»Longieren als soziales Element«

Ein von Thomas Baumann häufig genutztes Trainingselement ist das Longieren des Hundes. Dieses Trainingselement gibt es bereits seit den 60er Jahren und hat seinen Ursprung in Skandinavien, wo es zur Auslastung von Diensthunden genutzt wurde. Das Longieren kann vielseitig zur körperlichen Auslastung eingesetzt werden und eignet sich für Familienhunde genauso gut wie für Problem- oder Diensthunde.

»Über das Longieren kann man seinen Hund mit sehr viel Genauigkeit und Autorität auf unterschiedliche Distanzen körperlich fordern und erzieherisch arbeiten«, erklärt Thomas Baumann. »Im Vordergrund steht immer die soziale Komponente, die zu Anfang auch mit Futter bestärkt wird. Wichtig ist, dass es der Hund ist, der die Kommunikation zu seinem Menschen aufnimmt und nicht umgekehrt«, betont er. »Bei einem fortgeschrittenen Leistungsstand des Hundes können auch kontrollierte Beutespiele eingebaut werden. Im Zentrum dieser Arbeit steht jedoch immer der Hundebesitzer, niemals ein austauschbares Objekt«, sagt Thomas Baumann deutlich. »Ziel

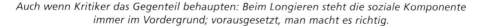

Auch wenn Kritiker das Gegenteil behaupten: Beim Longieren steht die soziale Komponente immer im Vordergrund; vorausgesetzt, man macht es richtig.

dieser Arbeit ist es, den Außenfokus des Hundes zu verringern und seinen Innenfokus zu verstärken. Ich rate zu einem Longiertraining immer dann, wenn dem Hund körperliche Auslastung oder die Bereitschaft zur Kommunikation fehlt oder wenn der Mensch seinen Führungsanspruch nicht optimal durchsetzen kann. Im individuellen Training geht es dann darum, sich dem Hund gegenüber körpersprachlich eindeutig zu positionieren. Dem respektlosen Hund wird so klargemacht: Das ist mein Bereich, da hast du nichts zu suchen. Betritt der Hund beispielsweise den Longierkreis, wird er durch Körpersprache oder auch durch Körpereinsatz (schieben, drücken, nie stoßen) wieder herausgedrängt. Der Hund lernt auf diesem Weg, über einzelne Elemente des Longierens eine feine, körperliche Individualdistanz einzuhalten. Die Beziehung zwischen Mensch und Hund kann durch diese Arbeit sehr viel an Deutlichkeit und gegenseitigem Vertrauen gewinnen – weil man sich besser versteht und gelernt hat, deutlicher zu kommunizieren«, beschreibt Thomas Baumann die positiven Effekte des Longierens. Vom Trainingsaufbau her ist das Longieren keine ausschließliche Hundeplatzübung, im Gegenteil. Es kann, individuell an jeden Hund angepasst, auf Spaziergängen und sonstigen Unternehmungen eingebaut werden.

»Der Hundehalter kann seinen Hund vor einem Spaziergang etwa zehn Minuten longieren, um den Fokus des Hundes auf sich zu richten. Dabei kann er beispielsweise verschiedene Sitz- und Platzübungen einbauen. Auf dem anschließenden Spaziergang wird er erleben, dass der Hund zunehmend weniger für Außenreize empfäng-

lich ist als sonst. Natürlich stellt sich dieser Trainingserfolg nicht immer sofort ein, aber bereits nach kurzer Zeit wird ein Hundehalter positive Veränderungen bei seinem Hund feststellen«, weiß Thomas Baumann aus Erfahrung.

»LaKoKo® – Langsamkeit, Konzentration und Koordination«

LaKoKo® ist ein mentales Führtraining für den Hundehalter, welches Thomas Baumann gemeinsam mit seiner Frau Ina entwickelt hat. Ziel dieses Trainings ist ein souveräner, gelassener und ruhiger Hundehalter.

»Ist ein Hundehalter nervös, unsicher und eher ängstlich im Umgang mit seinem Hund, kommt es häufig zu Problemen. Aggressives Verhalten an der Leine oder ein ständig ziehender Hund machen dem Hundehalter das Leben in solchen Fällen schwer«, sagt Thomas Baumann. Wie dieses mentale Führtraining im Detail aussieht, beschreibt Thomas Baumann im Folgenden.

»Zu Beginn findet das Führtraining in einer stressfreien und reizarmen Situation statt. Dazu bekommt der Hund, zusätzlich zum Halsband oder Geschirr, ein Halti angelegt, an das er vorher gewöhnt werden sollte. Der Grund für diese Maßnahme ist, dass im Kopf des Hundes immer sogenannte Synergieeffekte entstehen«, erklärt der Hundetrainer. »Der Hund hört beispielsweise etwas, hält Ausschau nach dem Geräusch und beginnt gleichzeitig zu schnüffeln. Um den Hund ruhig führen zu können, muss ich deshalb seinen »Kopf bekommen«. Trägt der Hund lediglich ein Halsband,

Das Halti ist ein wesentlicher Bestandteil von LaKoKo® und soll es dem Hundehalter erleichtern, den Hund ruhig und stressfrei zu führen.

»Für Hund und Halter ist das sehr anstrengend. Viele Hunde sind es einfach nicht gewohnt, dass der Mensch plötzlich Richtung und Tempo bestimmt. Da kommt es mitunter zu heftigen Anfangsreaktionen des Hundes, die aber schnell verschwinden«, weiß Thomas Baumann. Klappt das Führtraining ohne Ablenkung und Stress einwandfrei, folgt die zweite Phase. Nun müssen Hund und Halter den Führ-Parcours unter dem Einfluss von »positivem Stress« bewältigen. Das kann bedeuten, dass der Hund beispielsweise von einer weiteren Person mit Futter abgelenkt wird. Schafft der Hundehalter es, den Hund auch in dieser aufgeregten und positiven Erwartungshaltung durch den Parcours zu führen, folgt anschließend die dritte Phase, das Führtraining unter den Bedingungen von »negativem Stress«.

kann er seinen Kopf hin- und herbewegen. Das macht es für den Hundehalter wesentlich schwieriger, den Fokus des Hundes auf seine Person zu richten. Mithilfe des Haltis lässt sich der Kopf des Hundes vergleichsweise leicht führen«, beschreibt Thomas Baumann die Verfahrensweise. Das Training gestaltet sich so, dass der Hundehalter zunächst sehr, sehr langsam, mit bis zu 80%iger Verminderung des normalen Tempos, mit seinem Hund gehen muss. Erst geradeaus, dann links- und rechtsherum und dann durch einen Slalom und letztlich im Stangen-Labyrinth. Wichtig ist der Ausschluss von Futter oder sonstigen materiellen Lobgaben, denn es geht bei La-Ko-Ko® ausschließlich um soziale Unterstützung.

»Hat ein Hund beispielsweise ein Problem mit anderen Hunden, so werden in dieser Phase auch Hundebegegnungen trainiert. Dabei wird nicht wie wild an dem Hund herumgerissen, sondern es wird ihm körpersprachlich deutlich gemacht, was sein Mensch von ihm will«, beschreibt Thomas Baumann die Schlussphase dieser Trainingsmethode. »Körper und Geist des Hundes hängen eng zusammen. Wer innerlich ruhig ist und sich seinem Hund gegenüber auch ruhig und souverän verhält, der wird auch tendenziell einen ruhigeren Hund haben – oder spätestens durch La-Ko-Ko® bekommen.«

»Soziale Kommunikation muss im Vordergrund stehen«

Im Mittelpunkt seiner Arbeit steht das gemeinsame Leben von Mensch und Hund. Auch wenn ich damit vermutlich in die altmodische Ecke gehöre – ein funktionierendes Wertegefühl bei Menschen und insbesondere auch bei Hundetrainern halte ich für extrem wichtig. Als Hundetrainer sollte ich den Menschen, die zu mir kommen, mit menschlichen Emotionen begegnen und nicht mit professioneller Abgeklärtheit«, sagt er sehr deutlich. »Der Umgang mit dem Menschen wird bei mir großge-

Im Vordergrund steht bei Thomas Baumann immer der Mensch. Erst an zweiter Stelle steht das »Hundeproblem«.

schrieben, erst danach kommt die individuelle und fachmännische Arbeit mit dem Hund«, führt Thomas Baumann diesen Punkt weiter aus.

»Ein großes Problem unserer Zeit ist, dass materielle Dinge immer mehr im Vordergrund stehen. Das wirklich Wichtige, nämlich die soziale Kommunikation, gerät fatalerweise immer mehr in den Hintergrund. Die Menschen in unserer Gesellschaft sind immer weniger fähig, mit anderen Menschen zu kommunizieren. Wen wundert es da, dass sie es mit Hunden erst recht nicht mehr leisten können oder meinen, es wäre nicht nötig«, beklagt Thomas Baumann diese gesellschaftliche Entwicklung. »Obendrein wird alles nur noch schlimmer gemacht, indem man sich auf materiell orientierte Hilfsmittel wie Futter oder Spielzeug verlässt. Futter ist jedoch kein Mittel zur sozialen Kommunikation. Der offensichtliche »Leckerli-Wahn« hat in den letzten Jahren dazu geführt, dass viele Hunde ohne Hilfsmittel überhaupt nicht mehr zur Kommunikation bereit sind. Diese ernüchternde Bilanz nehmen immer mehr Hundebesitzer wehmütig zur Kenntnis.«

»Hundgerechte Verhaltens- korrektur ist keine Strafe«

»Eines Mal gleich vorweg«, leitet Thomas Baumann diesen Themenbereich ein, »ich wende mich ausdrücklich gegen die Verwendung des Wortes »Strafe« in der Mensch-Hund-Symbiose. Mit Strafe verbinden wir Menschen meist ein vorangegangenes böses oder unrechtmäßiges Verhalten des Hundes. In diesem Sinne gibt es aber keinen ›bösen‹ Hund, also kann es folgerichtig auch keine Strafe geben. Das Fehlverhalten eines Hundes resultiert vereinzelt aus genetischer oder vererbter Veranlagung, meistens jedoch aus konditionierten und somit erworbenen Verhaltenselementen, die der Hund durch den Menschen erlernt oder durch seine Umwelt erfahren hat«, berichtet der Hundeexperte diesen Sachverhalt. »Meiner Meinung nach sollte man daher den Begriff ›Strafe‹ durch den wesentlich besser passenden Begriff ›Verhaltenskorrektur‹ ersetzen. Unerwünschtes Verhalten wird während oder unmittelbar vor der Durchführung korrigiert. Ist das Unerwünschte bereits geschehen, kann es auch nicht mehr korrigiert werden«, sagt Thomas Baumann deutlich.

»Der Bereich um Hilfsmittel und Zwang in der Hundeausbildung ist ein ebenfalls sehr heftig diskutierter Bereich. An Hilfsmitteln habe und verwende ich bei Bedarf nahezu alles, was den Hund nicht körperlich verletzt«, stellt der Verhaltensexperte klar. »Allerdings gibt es auch einige Dinge, die ich im Umgang mit Hunden ablehne. Ich arbeite beispielsweise niemals mit Klapperbüchsen und Disc-Scheiben. Verhaltensabbrüche oder Verhaltensmodifikationen durch bewusstes Hinzufügen erschreckender Geräusche halte ich für falsch und in keinem Fall für notwendig. Viele Hunde zeigen nicht unwesentliche Angst- und Unsicherheitsreaktionen auf Geräuschkulissen. Das muss man nicht fokussieren oder gar zusätzlich verstärken, da im Einzelfall der künftige Schaden höher liegt als der Nutzen. Grundsätzlich setze ich so wenige Hilfsmittel wie möglich und so viele wie nötig ein.«

Seine grundlegende Kritik am Hundetraining: »Häufig wird fast schon verkrampft darauf geachtet, dass sich die Hunde immer nur wohlfühlen. Das gibt es im wirklichen Leben aber auch nicht, weder bei Menschen noch bei Hunden. Ein Hund kann sich der Situation entsprechend auch ruhig mal nicht wohlfühlen oder etwas als unangenehm wahrnehmen, auch das gehört zum Lernen«, sagt Thomas Baumann unmissverständlich. »Selbstverständlich muss aber in jedem Fall letztlich die Freude am Training dominieren«, fügt er ergänzend hinzu. »Auch dosierter Zwang hat in bestimmten Fällen durchaus seine Berechtigung, um eine Verhaltensänderung zu erreichen. Eine Verhaltenskorrektur macht nämlich immer nur dann Sinn, wenn sie vom Hund auch wirklich verstanden wird. Und das hat nichts mit nett sein oder nicht nett sein zu tun«, unterstreicht Thomas Baumann seine Aussage. »Dazu will ich ein Beispiel nennen. Ein Hundehalter, der seinen Hund wochen- oder monatelang per Leinenruck erfolglos vom Jogger-Jagen abhalten will, wird letztlich nicht nur merken, dass er in diesem Fall mit dem Leinenruck nichts erreichen wird. Vielmehr wird er weiterhin feststellen, dass auf diesem Wege keine hundgerechte Verhaltenskorrektur, sondern im Gegenteil eine Verhaltensstimulans bewirkt wird. Ein anderer Hundehalter mit demselben Problem stellt nach einigen wenigen Leinenrucken fest, dass sein Vierbeiner tatsächlich das Jogger-Jagen sein lässt, um sich den unangenehmen Leinenruck zu ersparen. Wesentlich entspannter gestalten sich nun seine Spaziergänge. Mit etwas Ironie stelle ich die Frage, welcher der beiden Hundehalter ist denn der schlechtere Mensch? Oder sind am Ende beide schlecht, nur weil sie mit Leinenruck agieren? Es ist eine Farce geworden, Hundehalter oder Hundetrainer anhand der Wahl ihrer Hilfsmittel zu beurteilen oder gar zu verurteilen. Der wichtigste Aspekt bei jeder Verhaltenskorrektur ist die Kompensation durch motivierende Einflüsse bei Eintritt des erwünschten Verhaltens. Die elementaren Kompensationsfaktoren hierbei sind verbales und taktiles Lob sowie – dann richtig und angebracht – gezielte Futtergaben«, vervollständigt er seine Ausführungen.

»Bindung, Beziehung und der Minuten-Kreis«

»Soziale Bindung ist das wichtigste Element in einer Mensch-Hund-Beziehung. Die ständigen Neuerungen in der Hundewelt (Futtermittel, Hilfsmittel usw.) verbessern zwar die methodische Arbeit mit dem Hund, behindern aber eine optimale und emotionale Mensch-Hund-Beziehung. Gute Bindung braucht keine Hilfsmittel. Viele Menschen verwechseln darüber hinaus immer wieder Bindung mit Beziehung. Die Bindung ist das wertvollste Teilchen einer guten Beziehung. Bindung ist außerdem das emotionale Bedürfnis des einen Sozialpartners, mit dem anderen Sozialpartner in eine soziale Abhängigkeit zu treten und das kann er nie mit Leckerli erreichen«, beschreibt der bekannte Hundetrainer diesen Unterschied anschaulich.

»Ein Hund kann also genau genommen keine gute oder schlechte Bindung zu seinem Menschen haben, nur eine mehr oder weniger stark ausgeprägte. Bei vielen Problemen in Mensch-Hund-Beziehungen fehlt der souveräne Führanspruch des Menschen und die dazu benötig-

Bindung & Beziehung sind nur zwei der Themen, um die Thomas Baumann sich sehr bemüht. Hundehaltern vermittelt er, was eine gute Mensch-Hund-Beziehung kennzeichnet.

ten Bindungselemente«, fügt er noch erklärend hinzu. »Viele Hundehalter glauben fälschlicherweise, sie könnten mit Futter und anderen Hilfsmitteln einen hohen Bindungsgrad erreichen. Das jedoch ist ein grundlegender Irrtum! Ein so trainierter Hund bindet sich nur an seinen Besitzer, weil er mit diesem Futter verbindet. Ganz nach der Formel: Mensch gleich Leckerli. Im Mittelpunkt steht hier also nicht der gewünschte soziale Kontakt zum Menschen, sondern ein zwar für den Besitzer positives Verhalten, leider aber mit sozialfremdem Charakter«, enttarnt Thomas Baumann dieses Verhalten des Hundes. Um die Qualität einer Mensch-Hund-Bindung sichtbar zu machen,

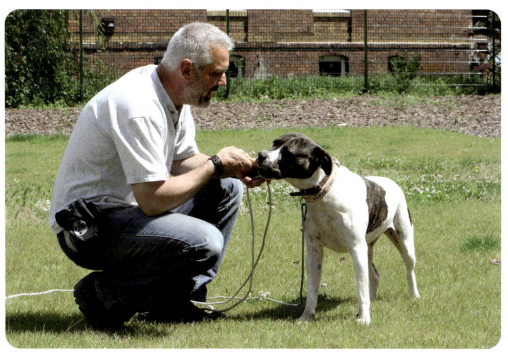

Thomas Baumann nimmt sich Zeit für jeden Hund, auch wenn er keinen Besitzer hat und im Tierheim sitzt. Denn schließlich kann nur der Hund guten Gewissens vermittelt werden, über den man auch möglichst realistische Aussagen treffen kann.

entwickelte er unter anderem den sogenannten Minuten-Kreis. Die Aufgabe des Hundebesitzers ist es hierbei, gemeinsam mit dem eigenen Hund eine Minute lang soziale Kommunikation ohne jegliche Hilfsmittel zu betreiben. Der Hund kann sich dabei frei bewegen und ist höchstens durch eine lange Schleppleine gesichert. Häufig bietet sich dabei folgendes Bild dar: Sobald der Hund merkt, dass sein Besitzer kein Leckerli und auch kein Spielzeug dabei hat, entfernt er sich, um sich nach vermeintlich wichtigeren Dingen umzuschauen. Da helfen dann meist kein Locken und kein Rufen mehr. »Am meisten von diesen Beziehungsproblemen betroffen sind Hunde-

besitzer, die gelernt haben, dass Erziehung und Ausbildung eines Hundes auf allen Ebenen mit permanenter positiver Bestätigung erfolgen müsse (Leckerli oder Spielzeug). Ein fataler Trugschluss! Wer immer alles mit Futter oder Spielzeug bestätigt, der wird ein Problem bekommen, wenn er auf diese Hilfsmittel nicht zurückgreifen kann. Wer aber eine solide Erziehungsleistung mit sozialem Bindungsstatus aufbaut, für den ist das Futterlob eher ein sporadischer Wegbegleiter. Ich plädiere nicht für den gänzlichen Verzicht auf Hilfsmittel wie Spielzeug oder Futter, verweise aber dabei auf die folgende, nachgewiesene Erfolgsformel: Permanenter Erfolg erhöht keinesfalls die Leistungsbereitschaft, er schmälert sie sogar. Hingegen erhöht seltenerer, sporadischer Erfolg neben der Erwartungshaltung auch die Handlungsbereitschaft. Auch hier gilt das Motto: weniger ist mehr«, beschließt Thomas Baumann seine Ausführungen zu diesem Punkt.

»Erhöhung der Bindungsintensität«

»Distanz schafft Bindung – Nach diesem Grundsatz lässt sich die Bindungsintensität der meisten gesättigten Hunde deutlich erhöhen. Hunde, die von ihren Menschen mit sozialer Zuneigung überschüttet werden, danken dies meist nicht mit sozialer Bindung sondern eher mit sozialer Distanz. Daher gilt: Den Hund ab und zu ruhig mal wegschicken oder ignorieren

(beispielsweise bei der Begrüßung). Diese sozialen Irritationen sind nicht dramatisch und erhöhen erfahrungsgemäß den sozialen Kommunikationswillen und somit die Bindungsqualität«, rät Thomas Baumann vielen Hundebesitzern.

»Ein weiterer Ratschlag geht an die »Nachläufer«, die zu Hause schattengleich jeder Bewegung ihres Besitzers folgen, sich draußen aber nur für andere Dinge und eben nicht für ihre Besitzer interessieren. In diesen Fällen empfehle ich den Besitzern, den Hund zeitweilig in der Wohnung an einem separaten und strategisch irrelevanten Platz anzubinden, sodass er seinem Besitzer nicht auf Schritt und Tritt folgen kann. Bei richtigem Aufbau empfindet ein Hund die Anbindevorrichtung keinesfalls als Strafe. Auch

Das was Hunde untereinander nahezu perfekt beherrschen, bereitet vielen Menschen große Schwierigkeiten: »Jemanden auf Distanz zu halten ist etwas vollkommen Natürliches«, weiß Thomas Baumann.

diese Form einer zeitweilig erzwungenen Distanzierung führt häufig zu mehr sozialer Aufmerksamkeit im Freilauf«, attestiert der Hundefachmann. Gefährlich ist auch generell eine zu hohe Bindungsintensität, denn sie ist verantwortlich für Unselbstständigkeit, Hilflosigkeit und Orientierungslosigkeit des Hundes. In solchen Fällen wird Bindung nicht auf- sondern abgebaut. »Auch stressanfällige Hunde, die bei Angst und Verunsicherung zum Weglaufen von ihren Besitzern neigen, lassen sich in den meisten Fällen zu einer positiven Konfliktkanalisierung konditionieren. Die Konfliktlösung lautet dann nicht mehr »nichts wie weg«, sondern »schnell hin zu Frauchen oder Herrchen«. Dieser Umlenkungsprozess erfordert eine rigorose Verhaltensumstellung der betroffenen Zweibeiner«, gibt Thomas Baumann zu bedenken.

»Im Umgang mit dem Hund dürfen die Begriffe Strenge und Autorität nicht mit Brutalität gleichgesetzt werden. Genauso wenig haben emotionale Wärme und Sanftheit im Umgang mit dem Hund mit Vermenschlichung zu tun«, fügt er ergänzend hinzu. »Mein wichtigster Ratschlag zum Schluss: Hundebesitzer und alle anderen Menschen, die mit Hunden zu tun haben, sollten häufiger auf ihr Bauchgefühl, auf ihre Intuition hören. Und wenn sich dann das Bauchgefühl so äußert, dass der Hund weder gedrückt noch geprügelt wirkt und sich nicht respektlos oder – gegenteilig – abweisend verhält, dann kann man davon ausgehen, dass zwischen Hund und Besitzer eine harmonische Balance im sozialen Miteinander vorhanden ist«, beendet Thomas Baumann dieses Gespräch.

Info: Thomas Baumann

Thomas Baumann, Jahrgang 1960, arbeitete für das Bundeskriminalamt in Wiesbaden vier Jahre lang als deutscher Polizeivertreter in einer europäischen INTERPOL-Arbeitsgruppe für das Diensthundewesen der Polizei. Im Ergebnis wurden empfehlende, vergleichsweise hohe Ausbildungs-Standards für Spürhunde der Polizei erarbeitet. Mit diesem hohen Wissens- und Erfahrungswert, verbunden mit mittlerweile über zwanzig Jahren umfassender Erfahrung im Umgang mit Hunden, gilt die Zusicherung eines ausgesprochen hohen Qualitäts-Standards in der Aus- und Fortbildung als gesichert. Auf regionaler Ebene ist das Hundezentrum Baumann Ansprechpartner für Menschen und ihre Hunde, während Dogworld GTS (Global Training System) auch auf überregionaler und internationaler Bühne agiert. Thomas Baumann ist außerdem Gründer der Dogworld-Stiftung, Lebenshilfe für verwaiste Hunde und Mitglied im Expertenrat der Pet Group.
Weitere Informationen:
www.dogworld.de
www.hundezentrum-baumann.de
und www.tierheim-stiftung.de

Deutschlands Hundetrainer

Günther Bloch

Fragen an Günther Bloch

1. Ihr Name ist?
Günther Bloch.

2. Wie alt sind Sie?
58 Jahre.

3. Von Beruf sind Sie?
Verhaltensforscher.

4. Aus wem besteht Ihre Familie?
Aus meiner Frau Karin und mir.

5. Welche und wie viele Hunde besitzen Sie?
Drei Hunde: Dackel Kashtin (15), Laika Jasper (12) und Owtscharka Raissa (5).

6. Welches ist Ihre größte Macke?
Ungeduld.

7. Wenn Ihre Hunde Menschen wären, welche Berufe hätten sie?
Naturpark-Ranger.

8. Was für ein Hund wären Sie?
Ein Nordischer Hund.

9. Welchen Prominenten würden Sie gern einmal kennenlernen?
Den Dalai Lama.

10. Wenn Sie König von Deutschland wären, was würden Sie zuerst tun?
Fette Hunde und Leinenzwang verbieten.

11. Was war das Peinlichste, das Ihnen je passiert ist?
Nichts.

12. Ihr bisher schönster Tag war?
Unser Umzug nach Kanada.

13. Ihr bisher schlimmster Tag war?
Einzug zur Bundeswehr.

14. Wie sind Sie auf den Hund gekommen?
Wir hatten schon immer Hunde in der Familie.

15. Was schätzen Sie an anderen Menschen besonders?
Interessante Gespräche.

16. Was ist Ihr Lieblingsgericht?
Rheinischer Sauerbraten.

17. Was bringt Sie zum Lachen?
Loriot.

18. Was bedeutet für Sie Lebensqualität?
Natur, unmanipulierte Tiere.

19. Was wünschen Sie sich für die Zukunft?
Ein besinnliches Leben mit Tieren in Kanada.

20. Wie lautet Ihr Lebensmotto?
Leben und leben lassen.

21. Was möchten Sie allen Hundehaltern gern einmal sagen?
Endlich einmal Hunde Hunde sein lassen.

Günther Bloch

Hunde sind keine Konditionierungsautomaten

»Ein Mann der klaren Worte«

Ein verschmitztes Lächeln, ein vergnügter, aber bestimmter Blick und meistens um eine passende Antwort nicht verlegen – das ist Günther Bloch. 1953 in Köln geboren und mit Hunden aufgewachsen, absolvierte er zunächst eine Ausbildung zum Reisebürokaufmann. Der Wunsch, beruflich mit Hunden zu arbeiten, existierte zu dieser Zeit noch nicht. Hunde waren damals wie heute seine ständigen Begleiter, wenn er durch Wald und Wiesen wanderte. Mensch, Hund und Natur – drei Dinge, die für

Günther Bloch bis heute untrennbar miteinander verbunden sind. Die Faszination »Hundeartige« zog Günther Bloch mit der Zeit jedoch immer mehr in ihren Bann, sodass er schon bald damit begann, sich um die Hunde von Freunden und Bekannten zu kümmern. In seiner Kölner Stadtwohnung wurde es mit einer beständig wachsenden Anzahl von Hundebesuchern jedoch bald zu eng. Zu diesem Zeitpunkt stand für den begeisterten Hundemann bereits fest, dass er sein Hobby zum Beruf machen wollte.

Gesagt, getan: In Bad Münstereifel, ganz in der Nähe von Köln, fanden er und seine Frau Karin dann auch schnell das geeignete Grundstück für die Eröffnung einer Hundepension. Die Hunde-Farm »Eifel«, wie Günther Bloch sie taufte, war die erste Hundepension Deutschlands, die Gruppenhaltung anbot. Dieses hun-

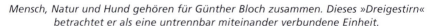

Mensch, Natur und Hund gehören für Günther Bloch zusammen. Dieses »Dreigestirn« betrachtet er als eine untrennbar miteinander verbundene Einheit.

degerechte Konzept besteht mittlerweile seit mehr als dreißig Jahren und hat viele Nachahmer in Deutschland gefunden. »Angeregt durch die Lektüre Eberhard Trumlers und nach einem Praktikum in dessen Forschungsstation »Wolfswinkel«, verschaffte ich vielen Hunden die Möglichkeit, in meiner Hundepension in Gruppen zu leben. So hatte ich über viele Jahre hinweg die Gelegenheit, die verschiedenen Ausdrucksformen und Kommunikationssignale von Hunden zu beobachten und zu analysieren«, beschreibt Günther Bloch diese wertvollen und lehrreichen Erfahrungen. »Die wichtigste Erkenntnis war vermutlich, dass ich belegen konnte, dass Haushunde, abhängig von Persönlichkeitstypus und Temperament, in unterschiedlicher Weise versuchen, sich individuell darzustellen und unterschiedliche Bedürfnisse in Bezug auf Ressourcen signalisieren und angleichen«, meint Günther Bloch.

Die teilweise recht unerzogenen Pensionshunde nervten den passionierten Hundefan zusehends. Die logische Konsequenz ließ nicht lange auf sich warten: Günther Bloch erweiterte die Hundepension um eine Hundeschule. Durch seinen jahrelangen Umgang mit vielen verschiedenen Hundetypen und durch seine Bekanntschaft mit Eberhard Trumler und Erik Zimen verfügte er bereits damals über einen enormen Wissens- und Erfahrungsschatz im Bereich Hund und Hundeverhalten. 1991 gründete er gemeinsam mit Elli H. Radinger und Erik Zimen die »Gesellschaft zum Schutz der Wölfe e.V.«, einen als gemeinnützig anerkannten Verein, der sich dem Schutz der in Deutschland lebenden Wölfe widmet. Günther Bloch selbst war zehn Jahre lang im Vorstand des Vereins

Auch wenn Günther Bloch sich nicht mehr als Hundetrainer bezeichnet, so hat er die Entwicklung in diesem Bereich doch maßgeblich mit beeinflusst.

und leitete außerdem über drei Jahre ein Projekt mit Herdenschutzhunden zur Verteidigung von Schafen und Ziegen gegen Wölfe, Luchse und Bären. Seit Beginn der 90er-Jahre widmet sich Günther Bloch fast ausschließlich der Beobachtung frei lebender Timberwölfe und anderer Caniden wie Kojoten und Füchse –

und das ist bis heute auch sein Steckenpferd geblieben. Von 2005 bis 2007 erforschte er das komplexe Sozialverhalten verwilderter Haushunde in der Toskana, während er sich aktuell mit der Freilandforschung an Timberwölfen im Banff-Nationalpark beschäftigt.

Kein Hundetrainer mehr, aber Verhaltensforscher. Warum? Diese Frage beantwortet Günther Bloch schnell und ohne lange zu überlegen: »Verhaltensforschung oder das Wissen, warum etwas so oder so ist, ist unglaublich wichtig, damit man sich weiterentwickelt, damit es keinen Stillstand gibt. Hunde können beispielsweise sehr gut »vortäuschen«. Damit wir Menschen nicht an den vordergründigen Symptomen hängen bleiben, müssen wir die wahren, die wirklichen Beweggründe des Verhaltens herausfinden. Wir müssen die Ursachen bestimmter Verhaltensweisen kennen, damit wir in Bezug auf unseren Hund auch richtig und angemessen reagieren können«, begründet Günther Bloch seinen Schwerpunktwechsel.

»Was artgerechte Hundehaltung eigentlich ist«

Artgerecht ist Hundehaltung für Günther Bloch dann, wenn die biologischen Grundbedürfnisse eines Hundes täglich befriedigt werden. »Ein ›artgerecht‹ lebender Haushund braucht zur Befriedigung seiner körperlichen und geistigen Bedürfnisse regelmäßigen Freilauf, Kontakt zu Artgenossen und einen verlässlichen Sozialpartner Mensch, der ihm einen klaren Handlungsrahmen vorgibt, innerhalb dessen er sich selbstständig verhalten darf«, sagt Günther

Bloch. »Für den Hund als soziales Lebewesen ist es am wichtigsten, Mitglied einer Lebensgemeinschaft zu sein, nämlich unseres gemischten Familienverbandes. Wir Menschen sind zwar keine Hunde, aber ebenfalls sehr sozial und damit hundeähnlich organisiert«, erklärt der Canidenexperte. Artgerecht ist zwar ein schwieriger Begriff, aber in Bezug auf den Hund bedeutet das, eng mit dem Menschen zusammen leben. »Besonders verwerflich finde ich es, wenn bestimmte biologische Grundbedürfnisse des Hundes, wie etwa seine Fähigkeit, sich über aggressive Kommunikation verständlich zu machen, einfach als »potenziell gefährlich« verboten bzw. versucht wird, sie »umzukonditionieren«.

Auch deren Markierverhalten wird von sehr unterschiedlichen Motivationen gesteuert. Dient es doch unter anderem der Abgrenzung von Ressourcen, zeigen die meisten Hunde im interaktiven Bereich harmloses Ritual-Markieren, was in erster Linie der chemischen Kommunikation dient und somit keinesfalls vom Menschen verboten werden sollte. Leider befürchten aber immer noch viele Menschen einen Hund, der sie dominieren möchte«, sagt Günther Bloch.

»Grundsätzlich wünsche ich mir für jeden Hund einen Besitzer, der intuitiv spürt, welches der richtige Weg für ihn und seinen Hund ist. Hunde unterscheiden sich, genau wie Menschen, individuell und durchlaufen unterschiedliche Verhaltensentwicklungen, die von dem jeweiligen Lebensraum abhängen. Verhalten ist daher nicht nur genetisch bedingt, sondern in einem unmittelbaren Zusammenhang mit

Den Wirbel um das Markierverhalten von Hunden kann Günther Bloch nur belächeln und wünscht sich von »Hundefachleuten« mehr Gelassenheit.

gemachten Lernerfahrungen zu bewerten. Wichtig ist für jeden Hund jedoch, egal, welche Erfahrungen er gemacht hat, die totale Nähe zu seinem Menschen, der regelmäßige Kontakt zu Artgenossen und die Tatsache, dass der Mensch einen Lebensplan haben muss, den er dem Hund auch aktiv vorleben kann«, fasst Günther Bloch die wichtigsten Punkte noch einmal zusammen.

»Ein Straßenhund aus dem Süden kann sich daher durchaus an den hiesigen Lebensraum gewöhnen und ein »artgerechtes« Hundeleben führen, seine in der Vergangenheit gemachten Lernerfahrungen wird er jedoch niemals verleugnen können«, stellt Günther Bloch deutlich heraus. Für viele Menschen ist es heutzutage äußerst schwierig herauszufinden, welches der »richtige« Weg in der Hundeerziehung ist. Günther Bloch hebt dabei zwei ganz wesentliche Dinge hervor: »Hundeerziehung hat etwas mit Geduld und mit viel Konsequenz zu tun. Mit Konsequenz meine ich allerdings nicht, den Hund in seinem Grundcharakter so massiv einzuschränken, dass er nur noch Befehlsempfänger ist. Hunde sind ganz individuelle Persönlichkeiten und keine Konditionierungsautomaten.«

»Naturentfremdung und emotionale Instabilität«

Dass die Mensch-Hund-Beziehung heute häufiger zu Problemen führt als früher, ist nicht von der Hand zu weisen. Günther Bloch hat dafür sein ganz eigenes Erklärungsmodell. »Der erste

Emotionale Instabilität ist nach Meinung von Günther Bloch ein wesentlicher Faktor dafür, dass der Umgang mit Hunden vielen Menschen so schwerfällt.

nection« behalten. Dabei informieren sie sich häufig viel zu wenig darüber, ob der ausgesuchte Hund überhaupt in die eigenen Lebensverhältnisse passt. Die ins Haus geholte Natur wird in Form eines Hundes dann häufig zum Problem, da der Mensch mit so viel ›Natur pur‹ dann doch nicht fertig wird – ein Teufelskreis«, meint Günther Bloch.

»Hinzu kommt die emotionale Instabilität vieler Menschen, welche den Umgang mit dem Hund zusätzlich erschwert. Je nach Tagesform oder Gemütslage sprechen Menschen freundlich oder unfreundlich mit ihrem Hund, handeln oftmals übertrieben emotional, ausgesprochen wechselhaft und unberechenbar. Für Hunde ist das nicht nachvollziehbar, sie brauchen eine emotional stabile Führungspersönlichkeit, die ihnen souverän und gelassen zeigt, wo es im Leben langgeht. Orientieren könnten wir Menschen uns da an den Wolfseltern, die als souveräne Leittiere genau wissen, welche Regeln es im Wolfsleben gibt. Im Idealfall erfüllt der Mensch für seinen Hund eine Art Vorbildfunktion, an der er sich orientieren kann. Heutzutage zeichnet sich allerdings meistens ein anderes Bild ab: Hunde sind den emotionalen Schwankungen ihrer Menschen hoffnungslos ausgeliefert, müssen sich täglich neu orientieren. Viele Menschen haben ja nicht einmal einen eigenen Lebensplan und können ihrem Hund daher auch keine positive Beständigkeit vorleben. Die aber bräuchte der Hund. Genauso

Punkt ist die immer weiter fortschreitende Naturentfremdung des Menschen. Das fängt schon mit dem Schnitzel in der Plastikfolie an. Die Menschen gehen täglich in den Supermarkt, um ihr Schnitzel zu kaufen, regen sich aber darüber auf, wenn irgendwo ein Schwein geschlachtet wird. Ich nenne das ›Moral nach Gutdünken«, sagt Günther Bloch in seiner gewohnt provokanten Art. »Bei Hunden ist es das Gleiche. Um die vorhandene Sehnsucht nach Natur zu stillen, schaffen sich viele Menschen einen Hund an, damit sie die »Con-

wie Wölfe innerhalb ihres Rudels immer elterliche Geschlossenheit demonstrieren, so müssten wir Menschen es in unserem Familienverband auch tun, damit unser Hund sich, durch unseren sozialen Rückhalt gestärkt, hundgerecht entwickeln kann. Dem Hund darüber hinaus konsequent den schmalen Grat zwischen notwendiger Erziehung und persönlichem Freiraum aufzuzeigen, das schaffen immer weniger Menschen – leider«, beschließt Günther Bloch seine Ausführungen zu diesem Punkt.

»Aggressionsverhalten gehört zum Leben«

»Aggressionsverhalten gehört zum Leben wie die Luft zum Atmen«, stellt Günther Bloch gleich zu Anfang klar. »Aggressionen haben in erster Linie eine biologische Funktion und sind nicht per se als negativ zu bewerten. Sie dienen der präventiven Konfliktvermeidung und dem Lernen, wer welchen Handlungsspielraum hat. Wer Hunde einmal genau beobachtet wird feststellen, dass sie beispielsweise mit eindeutigem Drohverhalten ernsthaften Auseinandersetzungen aus dem Weg gehen wollen. Gedroht wird, wenn es nicht anders geht. Und da gehört ein Brummen und Knurren einfach dazu. Drohverhalten ist somit nichts Negatives, sondern wirkt präventiv und sollte daher eher als positiv bewertet werden«, sagt Günther Bloch mit Nachdruck. »Der Hund will damit lediglich ausdrücken: »Bleib mir vom Leib und beachte meine Individualdistanz.« Streng genommen also ein sehr soziales Verhalten«, ergänzt er. »Aggressionen generell in einen negativen Zu-

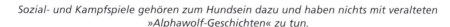

Sozial- und Kampfspiele gehören zum Hundsein dazu und haben nichts mit veralteten »Alphawolf-Geschichten« zu tun.

Wenn Mensch und Hund sich verstehen, reicht ein kurzer Blick oder ein leises Murmeln, und beide wissen, worum es geht.

renommierte Hundeexperte voller Überzeugung. »Es ist zu einer unerträglichen Mode geworden, die biologischen Bedürfnisse des Hundes wegzutrainieren, umzukonditionieren oder die Hunde zu desensibilisieren. Gerade im Bereich des Aggressionsverhaltens ist das leider sehr häufig der Fall. Der Hund wird im Training dann nicht selten zu einer Karikatur seiner selbst degradiert und ist eigentlich kein Hund mehr, da er sich nicht mehr hundgemäß äußern darf«, sagt Günther Bloch entrüstet. »Häufig ist es doch so, dass emotional instabile Menschen auch angst-aggressive Hunde haben. Der arme Hund muss in einem solchen Fall die Defizite seines Menschen ausbaden, das finde ich schlimm«, ergänzt Günther Bloch. »Wenn ein Hund hingegen sein Revier, also beispielsweise sein Grundstück, verteidigt und sich dabei mit seinem Verhalten in einem ›angemessenen und normalen Rahmen‹ befindet, dann ist das meiner Meinung nach vollkommen in Ordnung. Die Frage muss doch hier nur lauten, ob der Besitzer in der Lage ist, dieses Verhalten nach ein paar Minuten abzubrechen«, sagt Günther Bloch.

»Rituale geben Sicherheit«

Ein wichtiger Bestandteil der Kommunikation zwischen Mensch und Hund ist nach Meinung von Günther Bloch das Einüben von Ritualen. »Egal ob im sozialen Spiel, im Objektspiel oder bei einer alltäglichen Begrüßungszeremonie – Rituale einzuüben ist für Hunde extrem wich-

sammenhang zu stellen und Hunden aufgrund subjektiv empfundener Bedenken kaum Sozialkontakte zu gestatten, weil man unsinnigerweise ein veraltetes »Alphawolf-Gebaren« im Kopf hat, ist allein deswegen falsch, weil aktives und passives Drohverhalten auch kommunikativer Bestandteil von Sozial- und Kampfspielen ist, gibt Günther Bloch zu bedenken.

»Haushunde brauchen uns Menschen genauso dringend wie sie ihre Artgenossen brauchen, um ihre individuelle Persönlichkeit entfalten zu können und sich nicht zu »kommunikationsunfähigen Monstern« zu entwickeln«, sagt der

tig, da sie ihnen Sicherheit vermitteln und Einschätzbarkeit einer Situation oder eines Gegenübers ermöglichen. Diese Fähigkeit der Einschätzbarkeit bekommt ein Hund aber nur, wenn er durch das Einüben vieler Rituale gelernt hat, was da kommunikativ auf ihn zukommt«, erklärt Günther Bloch. »Durch das Einhalten solcher Rituale auch zwischen Mensch und Hund lernt der Hund, die Körpersprache seines Menschen besser zu verstehen. Als positives Endergebnis verstehen Mensch und Hund sich irgendwann »blind«. Da reicht ein Augenzwinkern oder ein Räuspern und der Hund weiß sofort, was sein Mensch von ihm will«, beschreibt Günther Bloch den Idealfall.

Ein Ritual, welches dem Hund nicht nur Sicherheit gibt, sondern auch sehr wichtig für eine vertrauensvolle Mensch-Hund-Beziehung ist, ist das Kommunizieren sozio-positiver Verhaltensweisen.
»Der Sozialpartner Mensch ist dafür verantwortlich, Präsenz zu zeigen. In brenzligen Situationen muss er sich schützend vor seinen Hund stellen und ihm im wahrsten Sinne des Wortes »zur Seite stehen«. Aber auch im alltäglichen Leben ist es wichtig, dem Hund zu zeigen, dass er dazugehört, dass er ein Teil dieses Familienverbandes ist. Damit der Hund das auch versteht, ist körperliche Nähe beispielsweise sehr wichtig. Ich persönlich halte ungefähr fünf Mal am Tag kleine Begrüßungszeremonien mit meinen Hunden ab, nehme sie dabei in den Arm, streichele sie und zeige ihnen damit, dass meine Grundstimmung freundlich ist und dass wir zusammengehören«, berichtet Günther Bloch.

»Welpengruppen sind sinnvoll und wichtig«

Welpengruppen schießen seit ein paar Jahren wie Pilze aus dem Boden. Zwischen Bällebad, Lauftunnel und allerlei Plastikgeräten lernen die meisten Welpen von Beginn an, worauf es in einem Hundeleben ankommt – jedenfalls wird das den frisch gebackenen Hundebesitzern suggeriert. Günther Bloch ist weder ein begeisterter Fürsprecher noch ein vehementer Gegner von Welpenspielgruppen.

»Welpengruppen sind grundsätzlich sinnvoll. Richtig umgesetzt können sie eine wertvolle Lebenshilfe für junge Hunde sein«, meint er. »Realistisch betrachtet, erfährt der Welpe in der Welpengruppe ja nichts anderes als eine komprimierte Sozialisierung. Genau deshalb ist es aber auch sehr wichtig, dass dieser »Crashkurs« in Sachen Hundeverhalten so gut und richtig wie möglich gemacht wird. Nicht selten werden Welpen in den Welpengruppen einfach nur aufeinander losgelassen, was von den Verantwortlichen dann als Spiel definiert wird. Dabei sind die Hunde mit solchen Situationen in der Regel hoffnungslos überfordert. Wenn dann auch noch der weise Satz fällt: »Die regeln das schon unter sich«, kann ich nur ergänzen: »Ja, wenn der Mensch die natürliche Selektion akzeptiert«, sagt Günther Bloch mit einem zynischen Unterton in der Stimme.

»Der Sinn und Zweck einer Welpengruppe sollte doch sein, dass die Welpen möglichst viele verschiedene Hundetypen und deren unterschiedliches Aussehen, deren Bewegungsabläufe und Kampfspieltechniken kennen lernen.

In einer gut geführten Welpengruppe lernt ein Welpe möglichst viele verschiedene Hundetypen und deren unterschiedliches Aussehen und Verhalten kennen.

Ein Labrador spielt ganz anders als ein Greyhound – andere Rassen, andere Sitten«, stellt er klar heraus. »Besonders wichtig finde ich auch, dass die Welpengruppen nicht immer nur auf dem gleichen Platz stattfinden. Auf dem Programm einer guten Welpengruppe stehen daher auch Ausflüge in den Wald, in die Stadt oder zum Tierarzt. Die Vielfalt der Eindrücke ist wichtig, um einem Welpen von Anfang an zu zeigen, was ihn im Leben alles erwartet«, betont Günther Bloch.

»Wölfe in Kanada«

Im Banff-Nationalpark in Kanada beobachtet Günther Bloch seit 1991 frei lebende Timberwölfe. »Der Hund stammt ja bekanntlich vom Wolf ab, das ist nichts Neues. In unserer Freilandstudie, der »Bow Valley Wolf Behaviour Study«, sammeln wir Lebensdaten von Wolfsindividuen und erforschen in erster Linie das Familienleben von Wölfen. Dann vergleichen wir die dokumentierten Verhaltensweisen mit denen von Haushunden, um zu sehen, was wir lernen können, um unsere Hunde besser zu verstehen. Es gibt immer wieder Überraschungen«, beschreibt Günther Bloch den Kerngedanken seiner Forschungsarbeit. Die Neueste ist, dass sich Wolf und Rabe regelrecht sozialisieren. Damit konnten wir beweisen, dass zwei unterschiedliche Spezies auf Dauer zusammenleben und somit die Mensch-Hund-Beziehung nicht einzigartig ist.

»Unsere Arbeit an Timberwölfen (Timber = Wald) im Banff-Nationalpark begann Anfang der 90-er Jahre. Das etwa 800 Quadratkilometer große Revier der Wolfsfamilie ist im

Herzen des 6600 Quadratkilometer umfassenden Parks gelegen. Nach vielen Höhen und Tiefen hatte im Spätherbst 2003 nur noch ein Wolf überlebt. Somit schienen unsere Forschungsbemühungen fürs Erste am Ende zu sein. Erfreulicherweise traf der im Revier zurückgebliebene, damals gut dreieinhalb Jahre alte Wolfsrüde Nanuk dann aber im Jahre 2005 auf eine schwarze Einzelwölfin unbekannter Herkunft. Nachdem sich Nanuk und Delinda im Februar 2006 erfolgreich gepaart hatten, entwickelte sich eine Familienneugründung im klassischen Sinne. Delinda brachte im April 2006 insgesamt vier gesunde Welpen zur Welt. Vater Nanuk ging zunächst regelmäßig allein zur Jagd und versorgte seine Lebensgefährtin mit Nahrung. Aufgrund des schlechten Nahrungsangebotes musste er sich hauptsächlich auf das Erbeuten von Wühlmäusen, Erdhörnchen und Hasen konzentrieren. Gelegentlich tötete er aber auch ein Reh oder ein Hirschkalb im Alleingang oder betätigte sich als reiner Abstauber, wenn er auf einen Hirsch oder Elch stieß, der von einer Eisenbahn überfahren worden war. Im August verlor die Wolfsfamilie eine Tochter, die bei einem Verkehrsunfall auf der Parkstraße ums Leben kam. Ende Oktober 2006 wurde eine weitere Tochter beim Zusammenprall mit einem Geländewagen schwer verletzt. Mutter Delinda übernahm, wie so oft zuvor, die Initiative, und versorgte ihre stark humpelnde Tochter mit Futter. Auch Vater Nanuk beteiligte sich an einem in unregelmäßigen Abständen stattfindenden Nahrungstransport in Richtung Kernrevier, in dem sich der gesamte Nachwuchs vorwiegend aufhielt. Trotz intensiver Bemühungen schafften es die Erwachsenen leider nicht, ihre Tochter durchzu-

bringen. Anfang Januar 2007 verstarb sie«, berichtet Günther Bloch. Im Sommer 2008 verstarben Delinda und einige Gruppenmitglieder. Der Wolfsverband zerbrach. Ein neuer Clan hielt Einzug ins Bowtal. Aktuell besteht die Pipestone-Wolfsfamilie aus fünf Mitgliedern: aus den Eltern Spirit und Faith und aus den drei Jährlingen Blizzard, Raven und Skoki.

»Tuscany Dog Project – Langzeitverhaltensbeobachtungen an verwilderten Hundegruppen«

Mit dem »Tuscany Dog Project« in der Toskana/Italien (8. Mai 2005 bis Ende 2007) leistete Günther Bloch einen wesentlichen Beitrag dazu, die Wissenslücke zwischen Haushunden und Wölfen zu schließen. »Wild lebende Hunde gelten aus verhaltensbiologischer Sicht zu Recht als eine Art Bindeglied zwischen dem Wolf und unseren Haushunden. Da ihr Verhaltensrepertoire nur unzureichend studiert wurde, wollte ich durch dieses Projekt dazu beitragen, das Gesamtbild Wolf – verwilderter Haushund – Familienhund zu komplettieren«, beschreibt er Sinn und Zweck des abgeschlossenen Projektes. Günther Bloch und sein Team führten als erstes Caniden-Verhaltenszentrum Deutschlands in Zusammenarbeit mit verschiedenen Volontären und Studentinnen für drei Jahre dieses Forschungsprojekt im »Parco Nature San Rossore« durch. Die dort lebenden Tiere wurden von Tierschützern gefüttert, jagten aber trotzdem Kaninchen. Da die Hunde nicht kastriert wurden, lag ein Schwerpunkt der Verhaltensstudien auf der Dokumentation des Reproduktions- und Sozialverhaltens. »Wir

Die Persönlichkeit eines jeden Hundes ist es, die wir Menschen wertschätzen und achten sollte. Dafür tritt auch Günther Bloch vehement ein.

haben in der Toskana wissenschaftlich fundierte Feldforschung unter der Leitung des Zoologen Dr. Udo Gansloßer betrieben. Auf Basis der gesammelten Lebensdaten der Hunde konnten wir zuverlässige und belegbare Aussagen zu relevanten Fragen in Bezug auf Hundeverhalten machen. Um dies zu gewährleisten, wurden die Hunde rund um die Uhr von Praktikanten, Studenten und anderen Mitarbeitern des ›Tuscany Dog Projects‹ beobachtet. Insgesamt wurden fünf Diplomarbeiten zu unterschiedlichen Themen geschrieben, die man über www.hundefarm-eifel.de bestellen kann«, erklärt Günther Bloch. Die bearbeiteten Themen waren: »Die Beschwichtigungssignale der Hunde«, »Abbruchsignale der Hunde«, »Das Markierverhalten von Hunden«, »Das Dominanzverhalten von Hunden« und »Die Futterrangordnung von Hunden«.

So konnten Günther Bloch und sein Team letztlich auch belegen, dass der Hundebestand sich nicht einfach »uferlos« vermehrt, was ja die Befürchtung vieler Menschen war. Im Rahmen einer Diplomarbeit konnte sogar wissenschaftlich belegt werden, dass die »Beschwichtigungshysterie«, wie Günther Bloch sie nennt, unbegründet ist und beispielsweise das Gähnen, die Vorderkörpertiefstellung, das Harnabsetzen usw. keine beschwichtigenden Verhaltensweisen sind.

»Plädoyer für die Persönlichkeit Hund«

»Zum Schluss möchte ich noch mal ausdrücklich betonen, dass es von allergrößter Wichtigkeit ist, die Verhaltensbiologie des Hundes nicht außer Acht zu lassen. Auch wenn das Interesse am sozialen Miteinander groß ist, so erlebe ich immer häufiger, dass Hunde zu beliebig manipulierbaren Konditionierungsautomaten avancieren. Das bedeutet aber einen unverantwortlich hohen Preis zu zahlen, indem wir unsere Hunde so formen und managen, dass sie ihr eigentliches Anderssein aufgeben müssen. Unter dem Deckmantel der ›modernen Hundeerziehung‹, wird da so allerlei propagiert, was mit dem eigentlichen Lebewesen Hund nicht mehr viel zu tun hat. Es gibt biologische Zwänge und lerntheoretische Grundsätze, die sich seit Jahren nicht verändert haben. ›Modern‹ oder ›neu‹ kann Hundeerziehung also, biologisch betrachtet, gar nicht sein. Ich kann jedenfalls auf einen ›roboterhaften‹ vierbeinigen Begleiter gut verzichten und plädiere daher von ganzem Herzen für die ›Persönlichkeit Hund‹«, sagt Günther Bloch aus tiefster Überzeugung.

Info: Günther Bloch

Günther Bloch, Jahrgang 1953, ist gelernter Reisebürokaufmann, gründete 1977 die Hunde-Farm »Eifel« und begann schon damals damit, Familienbegleithunde in Gruppen zu halten und ihr Verhaltensinventar genau zu beobachten. 1985 war er Mitbegründer des Vereins der »Hundefreunde Bad Münstereifel e.V.« und entwickelte damals schon sowohl einen praxisbezogenen Hundeführschein als auch ein Konzept für Welpenspielgruppen. Von 2005 bis Ende 2007 leitete Günther Bloch ein Forschungsprojekt in Italien, um das Verhaltensinventar von verwilderten Haushunden unter der Leitung des Verhaltensbiologen Dr. Udo Gansloßer zu studieren. Seit über dreizehn Jahren verbringt er einen großen Teil des Jahres in Kanada, um die Verhaltensweisen von frei lebenden Wölfen zu studieren. Günther Bloch publizierte bereits mehrere Bücher über Wolfs- und Hundeverhalten und veröffentlichte unzählige Fachartikel in Hundezeitschriften. Außerdem führt er Fachseminare und Vorträge in verschiedenen europäischen Ländern und in Kanada durch.

Weitere Informationen:
www.hundefarm-eifel.de

Deutschlands Hundetrainer

Anton Fichtlmeier

fichtlmeier.de

Fragen an Anton Fichtlmeier

1. Ihr Name ist?
Anton Fichtlmeier.

2. Wie alt sind Sie?
Geb. 1951.

3. Von Beruf sind Sie?
Fachreferent für Hundeausbildung und Hundeverhalten, Sachbuchautor, Lehrfilmproduzent (Preisträger in der Sparte Informations- und Lehrfilm), freier Mitarbeiten von Fachzeitschriften, von der Regierung von OBB öffentlich bestellter und beeidigter Sachverständiger, Nebenerwerbslandwirt.

4. Aus wem besteht Ihre Familie?
Meiner Frau Gila und mir.

5. Welche und wie viele Hunde besitzen Sie?
Weimaranerrüde »Herr Quibinger«, 14 Jahre, Weimaranerhündin »Emma«, 6 Jahre, Glatthaarfoxterrier »Terri« 3 Jahre.

6. Welches ist Ihre größte Macke?
Mich von Dingen zu trennen, man könnte sie ja irgendwann noch einmal brauchen.

7. Wenn Ihre Hunde Menschen wären, welche Berufe hätten sie?
Berufsjäger für »Herrn Quibinger« und unseren »Terri« und Fischerin für unsere »Emma«, da sie leidenschaftlich gerne Fische fangen möchte.

8. Was für ein Hund wären Sie?
Ein sentimentaler, bunter Hund.

9. Welchen Prominenten würden Sie gern einmal kennenlernen?
Manfred Spitzer.

10. Wenn Sie König von Deutschland wären, was würden Sie zuerst tun?
Pompöse Schlösser und Kunstmuseen bauen.

11. Was war das Peinlichste, das Ihnen je passiert ist?
Dazu fällt mir jetzt nichts ein.

12. Ihr bisher schönster Tag war?
Mein Hochzeitstag.

13. Ihr bisher schlimmster Tag war?
Da gab es mehrere, die vergisst man am besten.

14. Wie sind Sie auf den Hund gekommen?
Meinen ersten Hund habe ich vor dem Tierheim gerettet.

15. Was schätzen Sie an anderen Menschen besonders?
Offenheit, Geradlinigkeit und Direktheit

16. Was ist Ihr Lieblingsgericht?
Alles und viel.

17. Was bringt Sie zum Lachen?
Kinderlachen.

18. Was bedeutet für Sie Lebensqualität?
Ein gesunder Körper und klarer Kopf und mit Menschen zusammenzuleben, denen man vertrauen kann.

19. Was wünschen Sie sich für die Zukunft?
In Würde alt werden mit Menschen, die man liebt.

20. Wie lautet Ihr Lebensmotto?
Rückgrat bewahren.

21. Was möchten Sie allen Hundehaltern gern einmal sagen?
Es gibt einige wichtige Kriterien, die es Ihrem Hund leichter machen, das Leben an Ihrer Seite zu meistern: Ruhe bewahren, Souveränität verkörpern, den Weg bestimmen, Konflikte entschärfen, den Hund mitdenken lassen.

Anton Fichtlmeier

Der Weg zur Seele des Hundes

 »Eine »Lassie« sollte es sein«

Anton Fichtlmeiers erster Hund war ein Zufallsprodukt. Von einer Schulfreundin übernahm er eine staupekranke und ängstliche Hündin, die auf den Namen »Jackie« hörte. »Jackie kam ursprünglich aus Australien, der Bruder meiner Schulfreundin Gerti hatte sie von dort aus mitgebracht. Gerti war mit der Erziehung der Hündin allerdings schlichtweg überfordert. Da ihre Eltern beide berufstätig waren, stand sie mit der Erziehung des Welpen alleine da. Jackie, eine Collie-Mischlingshündin, blieb nicht gern allein und erledigte ihre Notdurft in der Wohnung. Daher sperrte man sie tagsüber auf den Balkon, wo sie jedoch bellte und heulte, sodass die Nachbarn sich beschwerten. Jackie brauchte also ein neues Zuhause«, erzählt Anton Fichtlmeier.

»Da ich Jackie auf unzähligen Spaziergängen bereits sehr ins Herz geschlossen hatte, beschloss ich, ihr neuer Besitzer zu werden. Zu Beginn glaubten mir meine Eltern auch noch, dass Jackie nur so lange bei uns leben würde, bis meine Schulfreundin wieder aus dem Urlaub zurück war. Nachdem eine längere Zeit vergangen war, musste ich ihnen dann aber doch beichten, dass Jackie für immer bleiben würde. Gott sei Dank war mein Plan aufgegangen, und Jackie hatte die Herzen meiner Familienmitglieder bereits im Sturm erobert.

Sie durfte bleiben«, erzählt Anton Fichtlmeier die Geschichte seines ersten Hundes. »Nun war es zwar keine ›Lassie‹ und auch kein ›Rin Tin Tin‹, wie ich es mir in meinen Träumen immer ausgemalt hatte, aber Jackie stellte in der darauf folgenden Zeit tagtäglich unter Beweis, dass sie besser war als ›Lassie‹ und ›Rin Tin Tin‹ zusammen. Sie schlief vom ersten Tag an in meinem Bett, ich sprach den ganzen Tag mit ihr und widmete ihr auch ansonsten jede Minute meiner Freizeit«, berichtet der Hundetrainer. »Die Hündin verstand meine Ängste, meine Sorgen und war mir immer eine treue Zuhörerin. Wenn wir gemeinsam unterwegs waren, wich Jackie mir nicht von der Seite, eine Leine kannte sie nicht. Natürlich habe ich damals noch nicht über artgerechte Kommunikation mit Hunden nachgedacht. Jackie und ich verständigten uns über Gesten, Mimik und Worte – irgendwie«, beschreibt er die anfänglichen Kommunikationsstrategien mit seiner Hündin.

»Wahrnehmung und Kommunikation«

Als junger Mann begann Anton Fichtlmeier jedoch mehr und mehr, die Dinge zu hinterfragen. Philosophische Gedanken wie die von Karl Popper, Arthur Schopenhauer, Viktor Frankl, Friedrich Nietzsche und Gerhard Roth nahm er zum Anlass, die unterschiedlichen Modelle über die Wahrnehmung der Welt und deren Gesetzmäßigkeiten zu hinterfragen. »Ich beobachtete mein Umfeld und dessen Reaktionen auf meine Verhaltensmuster und versuchte, die Ordnung, den Sinn des Ganzen, zu erkennen«, beschreibt Anton Fichtlmeier seine damalige Suche nach dem Sinn der Welt. »Und da ich mich mit Tieren

Heute beurteilt Anton Fichtlmeier seine anfänglichen Kommunikationsversuche mit Hunden selbstkritisch: »Irgendwie hat es damals geklappt!«

beschäftigte, fragte ich mich im Zuge meiner Überlegungen irgendwann auch, ob Tiere beispielsweise ebenfalls zur Selbsterkenntnis fähig sind und ob sie mich erkennen und sich dabei selbst wahrnehmen konnten«, fährt der bayrische Hundetrainer fort. »Heute bin ich der festen Überzeugung, dass Hunde dazu fähig sind. Das Problem ist nur, dass sie eine andere Sprache sprechen als wir. Wir stehen zwar in ständigem Kontakt zu unserer Umwelt, verständigen können wir uns deshalb aber lange noch nicht. Da unsere Hunde nun aber für viele von uns wichtiger Bestandteil unseres Lebens sind, sollten wir uns Mühe geben, ja, stehen wir meiner Meinung nach sogar in der Pflicht, sie und ihre Sprache so gut wie möglich zu verstehen, um mit ihnen kommunizieren zu können«, betont Anton Fichtlmeier. »Für mich ist der Hund ein denkendes und beseeltes Wesen, wel-

ches es verdient hat, dass wir ihm und seiner Natur Respekt und Achtung entgegenbringen«, ergänzt er.

»In den 70-er Jahren trat ich dann mehreren Hundevereinen bei, was mich mit jeder Menge unterschiedlicher Aussagen in Bezug auf den Umgang mit Hunden und deren Wesenseigenschaften konfrontierte. Bei all diesen unterschiedlichen Vereinen und Ansichten störte mich von Anfang an der Punkt am meisten, in dem sie sich alle einig waren: Man müsse die angeblich genetisch vorhandene Aggression des Hundes zwingend über eine Schutzhund-Ausbildung kanalisieren. Dass viele Hunde durch diese Ansicht massive psychische Schäden erlitten, wurde konsequent ignoriert«, beschreibt Anton Fichtlmeier das damalige Hundeverein-Desaster. »Auch heute gibt es

Hunden begegnet Anton Fichtlmeier mit größtem Respekt und erwartet das auch von allen Hundehaltern.

noch Hundesportvereine, die glauben, dass sich die ›Kanalisierung von Triebverhalten‹ zur Vorbeugung von Verhaltensauffälligkeiten im Aggressionsbereich eignet – und das mit fatalen Auswirkungen«, wie Anton Fichtlmeier aus langjähriger Berufserfahrung als Hundetrainer weiß. »Leider reduziert sich die Arbeit mit Hunden in vielen Hundeschulen immer noch auf die Erziehung und den daraus resultierenden Gehorsam. Meiner Meinung nach ist es aber viel wichtiger, die Sprache eines Hundes zu verstehen, damit eine artgerechte Kommunikation überhaupt erst möglich wird«, sagt Anton Fichtlmeier klar und deutlich. »Betrachte ich den Hund als einen sozialen Partner, dessen andersartiges Sein ich erkenne und anerkenne, so stelle ich auch andere Ansprüche an mich und die Qualität meiner Beziehung zu ihm«, meint er.

Nachdem Anton Fichtlmeier seit 1998 unzählige Hunde therapiert und einen Großteil seiner Arbeit auch auf Videos festgehalten hatte, reifte in ihm die Erkenntnis, dass an der Art und Weise, wie viele Menschen mit Hunden umgehen, etwas nicht stimmt. »Heute kann ich beweisen, dass gerade das Nicht-Kommunizieren und das Nicht-Berücksichtigen der instinktiven Anlagen eines Hundes die Ursache für vielfältige Verhaltensstörungen sind«, sagt Anton Fichtlmeier.

»Instinktive Kommunikation«

Aufgrund all dieser gemachten Erfahrungen mit unterschiedlichsten Hunden entwickelte Anton Fichtlmeier mit der Zeit seinen eigenen Arbeitsansatz. »Ich arbeite bei meiner Arbeit mit Hunden immer über die Schnittstelle zwi-

Auf die Perspektive kommt es an! Wer seinen Hund als sozialen Partner betrachtet, der stellt auch andere Ansprüche an seine Mensch-Hund-Beziehung. Anton Fichtlmeier weiß das, und begleitet Menschen in genau diese Richtung.

schen bewusstem/kontrolliertem und unbewusstem/unkontrolliertem Verhalten. Dadurch gelingt es mir immer, direkt an das natürliche Instinktverhalten des Hundes anzuknüpfen. Im Freiraum »eigener Wille«, der eine außerordentliche Fähigkeit des Hundes darstellt, bringe ich den Hund über Sozialspielsymbole und Signale zu neuen sozialen Einsichten und konstruiere auf diese Weise neue Realitätsebenen für ihn, die seinen Horizont erweitern«, beschreibt Anton Fichtlmeier seinen Arbeitsansatz.

»Dazu muss man natürlich wissen, dass Hunde sich immer in einem permanenten Wechsel zwischen bewusstem und unbewusstem Handeln befinden, bei dem es zum Teil fließende Übergänge gibt. Die unbewussten Anteile des Verhaltens eines Hundes werden durch seine genetisch begründeten Reizreaktionsmuster (Instinkt), aber auch durch koordinierte, automatisch ablaufende Verhaltensweisen bestimmt. Hinzu kommt der bereits erwähnte eigene Wille des Hundes«, erklärt Anton Fichtlmeier. »Durch eine bewusste und hundegerechte Kommunikation mit dem Hund schaffe ich es, dass dieser bewusst eigene Entscheidungen über seine Verhaltensweisen treffen kann«, betont er. Dass diese Art und Weise mit Hunden zu arbeiten funktioniert, beweist Anton Fichtlmeier jeden Tag aufs Neue. »Bei mehr als siebzig Prozent aller Hunde kann ich durch das Anknüpfen an das Instinktverhalten innerhalb von zwanzig Minuten eine kommunikative Basis herstellen. Bei nordischen Hunden und sehr instinktgebundenen Rassen gelingt mir das sogar innerhalb von wenigen Minuten«, erzählt er.

Innerhalb von zwanzig Minuten schafft Anton Fichtlmeier es bei vielen Hunden, eine kommunikative Basis herzustellen. Um das zu erreichen, knüpft er an das Instinktverhalten der Vierbeiner an.

Der Grund dafür liegt nach Meinung des Hundetrainers in der Tatsache, dass diese Hunde über einen geringer ausgeprägten eigenen Willen verfügen als andere Rassen. »Im Klartext bedeutet das, dass diese Hunde den instinktiven Reizen einfach erliegen, weil sie gar nicht anders können, sie müssen reagieren. Durch diesen Umstand ist eine Kommunikation auf hündischer Ebene natürlich wesentlich leichter und eindeutiger als eine Kommunikation auf der Ebene menschlicher Kommunikationsmodelle. Diese arbeiten auf einer Symbolebene, über deren Sinn und Inhalt zuvor eine Übereinkunft mit dem Hund getroffen werden muss. Die Kommunikation mit sehr instinktgebundenen Hunden ist daher einfacher, allerdings auch weniger faszinierend, weil sie deutlich weniger Spielraum für den Erwerb neuer und komplexer Kommunikations- und Verhaltensmuster besitzen. Das macht instinktgebundene Hunde für menschliche Belange schlechter einsetzbar und trainierbar«, fasst Anton Fichtlmeier zusammen.

»Die Welt eines Hundes verstehen«

Die Welt eines Hundes unterscheidet sich in einigen Punkten maßgeblich von unserer Welt. In erster Linie gilt es zu unterscheiden, wie wir etwas wahrnehmen, interpretieren und wie unser Hund es tut. »Ein wesentlicher Unterschied zwischen Mensch und Hund liegt darin, dass wir Menschen unsere Erfahrungen, Gefühle und Gedanken in Worte fassen und uns so mitteilen können. Ein Hund kann diese Realitätskonstruktion eines Menschen aber nicht verstehen. Zwar versteht er Laute und kann Stimmungen aufnehmen und darauf reagieren, die genaue Bedeutung unserer Worte kennt er jedoch nicht«, erklärt Anton Fichtlmeier. »Konkret bedeutet das, dass Mensch und Hund in ihrer Wahrnehmung

Anton Fichtlmeier rät Hundehaltern dazu, ihre Hunde häufiger zu beobachten, um zu sehen, wie diese bestimmte Situationen und Augenblicke wahrnehmen.

bestimmter Situationen sehr weit auseinander liegen. Viele der Bedürfnisse eines Menschen sind für einen Hund nicht nachvollziehbar, und umgekehrt ist es natürlich genauso. Wir Menschen können aber – und meiner Meinung nach sind wir auch in der Verantwortung dazu – die Welt eines Hundes zu verstehen lernen und uns auf seine Bedürfnisse einstellen. Wir können lernen, wie er auf welche Reize instinktiv reagiert und wie er diese Reize in der Folge beantwortet«, sagt Anton Fichtlmeier.

Dass es gar nicht so schwer ist, den eigenen Hund zu verstehen, versucht Anton Fichtlmeier den Hundebesitzern immer wieder deutlich zu machen. »Ich rate den Leuten stets, dass sie ihren Hund zu Beginn einfach einmal in Ruhe beobachten sollen, um zu sehen, wie ihr Hund seine Augenblicke, die er lebt und erlebt, begutachtet und organisiert. Aus solchen Momenten kann man schon eine Menge über seinen Hund lernen«, sagt Anton Fichtlmeier. »Wer sich als Mensch darauf konzentriert, seinen Hund auf

Fichtlmeiers »Gruppen bildende Verhaltensmuster« sind die Verhaltensmuster, die Hunde während des kommunikativen Prozesses zur Schaffung einer sozialen Ordnung zeigen.

der Ebene des Sich-gegenseitig-Erfahrens zu verstehen, und dabei mit einbezieht, was der Hund bisher erlebt hat und welche genetische Disposition er besitzt, der kann auch besser mit ihm kommunizieren. Wer diese Kommunikation wiederum beherrscht, ist in der Lage, die individuellen und vorhersehbaren Verhaltensweisen des eigenen Hundes gezielt in die gewünschten Bahnen zu lenken«, beschließt Anton Fichtlmeier seine Ausführungen.

»Gruppen bildende Verhaltensmuster«

Anton Fichtlmeier hat sie entschlüsselt, die Sprache der Hunde. Genauer gesagt hat er die Verhaltensmuster dekodiert, die während des kommunikativen Prozesses zur Schaffung einer sozialen Ordnung, in einer Gruppe gezeigt werden.

»Ich nenne diese Abläufe Gruppen bildende, Gruppen organisierende und Gruppen zusammenhaltende Verhaltensmuster, wobei diese sich wiederum je nach Funktionskreis in Interaktionsspiel- und Strukturierungsmuster unterteilen lassen. Diese Instinktmuster laufen in erster Linie zwischen Hund und Hund ab, können aber auch zwischen Mensch und Hund ablaufen und von Menschen bewusst initiiert werden«, erklärt Anton Fichtlmeier. »Ein Gruppen bildendes Interaktionsmuster kann beispielsweise in einer Gruppe frei laufender Hunde zustande kommen: Ein Rüde nähert sich einer Hündin und beginnt, an ihr zu schnuppern. Die Hündin reagiert auf diese Distanzunterschreitung, indem sie leicht den Kopf hebt und den Rüden mit einem drohenden Blick fixiert. Ignoriert der Rüde dieses Signal, wird die Hündin ihr Drohen vermutlich verstärken, indem sie leicht die Lefzen hochzieht und die Zähne zeigt. Wendet sich der Rüde jetzt ab, kann sich die Hündin wieder entspannen. Verändert der Rüde sein Verhalten nicht, kommt es wahrscheinlich zu einer maßregelnden Attacke der Hündin, die so lange fortgeführt wird, bis der Rüde sich zurücknimmt. In beiden Fällen wird hier eine Übereinkunft getroffen, auf die jederzeit zurückgegriffen werden kann. Sie ist also gültig, bis eine neue Übereinkunft zum Thema getroffen wird«, erläutert er. »Die Drohungen der Hündin und das Sich-Zurück-

nehmen des Rüden haben insgesamt bewirkt, dass beide von der wechselseitigen Möglichkeit der Beeinflussung wissen und auf den Bedeutungsinhalt der gezeigten Signale vertrauen können. Jeder fühlt sich somit verstanden«, ergänzt Anton Fichtlmeier seine Ausführung.

»Das Binärsystem«

Ein wesentlicher Bestandteil von Anton Fichtlmeiers Hundeerziehungskonzept ist das »Binärsystem«. »Ein Hund erlebt seine Welt binär, also im Sinne von Erfolg oder Misserfolg. Für uns Menschen und die Erziehung eines Hundes bedeutet das: Entweder ist etwas positiv, also richtig, oder etwas ist negativ, also falsch. Wenn der Hund nun etwas richtig oder falsch macht, muss der Mensch in der Lage sein, sofort blitzschnell auf das Verhalten seines

Wenn Mensch und Hund sich verstehen, wird sich die Mensch-Hund-Beziehung verbessern, Probleme werden weniger und der Hund hat mehr Freiraum, weil er die ihm gesteckten Grenzen akzeptiert.

Hunde sind untereinander sehr deutlich, wenn es um das Vermitteln von »Ja« und »Nein« geht. Hundehalter können in diesem Bereich viel von ihnen lernen.

Hundes zu reagieren. Eine genaue Beobachtung durch den Menschen ist daher sehr wichtig«, beginnt Anton Fichtlmeier seine Ausführungen zur binären Kommunikation. »Wichtig ist, dass der Mensch es schafft, dem Hund diese zwei Bereiche verständlich zu machen«, fährt Anton Fichtlmeier fort. »Erwünschtes Verhalten des Hundes wird dabei durch motivierende Gesten, freundliche Mimik und eine wohlklingende Stimme positiv beantwortet und damit bestärkt. Im Umkehrschluss wird unerwünschtes Verhalten mit Missmutslauten, Unmutsgesten und einer unfreundlichen Mimik negativ beant-

wortet. Der Mensch hat so die Möglichkeit, dem Hund seine Wünsche durch eindeutige Signale zu vermitteln«, beschreibt er den Vorteil dieser Erziehungsmethode.

»Hat der Hund erst einmal verstanden, was sein Mensch von ihm möchte, wird sich die Mensch-Hund-Beziehung Stück für Stück verbessern«, sagt Fichtlmeier. »Bei der binären Kommunikation ist es besonders wichtig, dass der Hund in dem Moment, in dem er sein negativ beantwortetes Verhalten ändert, sofort mit einem deutlichen Lob oder einer anderen Wohlfallensbekundung für sein richtiges Verhalten bestätigt wird. Dabei kann der Mensch sich gerade anfangs ruhig ein bisschen »zum Affen machen« und überdeutlich positiv reagieren. Das macht es für den Hund besonders deutlich und somit auch einfacher«, sagt Anton Fichtlmeier.

»Der Wechsel von Ja zu Nein wird somit für den Hund klarer und dieser wird zukünftig bestrebt sein, eine positive Rückmeldung von seinem Besitzer zu bekommen.« Besonders deutlich betont Anton Fichtlmeier, dass es überaus wichtig ist, dass ein Ja immer ein Ja ist und ein Nein immer ein Nein bleibt. »Nichts ist für einen Hund schlimmer als Uneindeutigkeit«, gibt Anton Fichtlmeier zu bedenken. »Über die binäre Kommunikation gibt ein Mensch seinem Hund die Möglichkeit, ihn und seine Handlungen verlässlich einzuordnen. Der Hund bekommt im Rahmen des Binärsystems immer eine Antwort, die er auch verstehen kann. Außerdem macht der Hund die Erfahrung, dass sich die Antworten des Menschen auf sein Verhalten verändern, wenn er sein eigenes Verhalten modifiziert«, beschreibt er die vertrauensvolle Basis des binären Systems. »Als selbstverständlich erachte ich es, dass man die Intensität der positiven und negativen Reaktionen auf ein gezeigtes Verhalten an jeden Hund ganz individuell anpasst. Auch gibt es Unterschiede bezüglich der Intensität im Verlauf des Trainings: Zu Beginn sind häufig noch sehr überzogene, deutliche Gesten und Lautäußerungen notwendig, was sich im Laufe der Zeit aber ändert. Bereits nach kurzer Zeit können die kommunikativen Gesten feiner und leiser werden, sodass am Schluss nur noch ein Blick oder die Andeutung einer Geste genügt«, sagt Anton Fichtlmeier. »Feinste Kommunikation zwischen Mensch und Hund auf hohem Niveau – so soll es sein«, betont er.

Info: Anton Fichtlmeier

Anton Fichtlmeier, Jahrgang 1951, leitet seit vielen Jahren gemeinsam mit seiner Frau Gila eine Hundeschule am Starnberger See. Nach Jahren erfolgreicher Arbeit mit dem Schwerpunkt »Verhaltenstherapie«, verfolgt Anton Fichtlmeier heute den Ansatz »Vorbeugen ist besser als Therapieren«. Eine gemeinsame Sprache zwischen Hund und Mensch – das ist das Ziel der Arbeit von Anton Fichtlmeier. Er arbeitet gleichermaßen mit Jagd-, Rettungs- und Fährtenhunden wie auch mit Familienhunden und verhaltensauffälligen Problemhunden. Sein Wissen und seine langjährige Erfahrung mit den unterschiedlichsten Hunden gibt er in Seminaren, auf Lehrgängen und in seinen Büchern und DVDs an alle Hundehalter weiter.

Weitere Informationen:
www.fichtlmeier.de

Deutschlands Hundetrainer

Uwe Friedrich

Fragen an Uwe Friedrich

1. Ihr Name ist? Uwe Friedrich.

2. Wie alt sind Sie?
Geboren am 26. Oktober 1965.

3. Von Beruf sind Sie? Ehemals Diensthundeführer der Polizei, jetzt Hundetrainer.

4. Aus wem besteht Ihre Familie?
Aus meinen Eltern Günter und Maria
Friedrich, zwei Cousins und meiner Freundin
Franzi.

5. Welche und wie viele Hunde besitzen Sie?
Heute lebe ich mit meinen drei Hunden
Bonnie (deutsche Schäferhündin), »Kleiner
Mann« (Malinois-Rüde) und Dukkha
(Mischling aus der Türkei) in Löffingen im
Hochschwarzwald.

6. Welches ist Ihre größte Macke?
Ich liebe Tomatensuppe und könnte sie
bereits zum Frühstück essen.

*7. Wenn Ihre Hunde Menschen wären, welche
Berufe hätten sie?* Bonnie wäre Animateurin,
bei ihr gibt es niemals schlechte Laune.
Dukkha wäre Restauranttester, er könnte
immer essen und würde dafür noch bezahlt
werden und der »Kleine Mann« wäre
Rettungsschwimmer – immer im Wasser und
den Schwachen helfen.

8. Was für ein Hund wären Sie? Das wäre mir
völlig egal – Hauptsache ich hätte Besitzer, die
mich so akzeptieren, wie ich bin und mit mir
umgehen können.

*9. Welchen Prominenten würden Sie gerne
einmal kennenlernen?*
Nelson Mandela – es fasziniert mich, was dieser Mann auf sich nahm und nimmt, um
gegen die Apartheid zu kämpfen.

*10. Wenn Sie König von Deutschland wären,
was würden Sie zuerst tun?*
Mir wäre wichtig, etwas für Familien zu tun,
sie dahingehend zu unterstützen, dass ihnen
mehr Zeit für ihre Kinder bleibt. Ich hatte das
Glück, so aufzuwachsen, dass meine Eltern
sich gut um mich kümmern konnten. Dieses
Glück sollten alle Kinder genießen. Gerade
auch Alleinerziehende sollten hier unterstützt
werden.

*11. Was war das Peinlichste, das Ihnen ja pas-
siert ist?* Meine erste Motorrad-Fahrstunde
dauerte gerade mal zwei Minuten – dann lag
das Motorrad mit mir auf dem Boden. Ich ver-
gesse niemals den Blick meines Fahrlehrers.

12. Ihr bisher schönster Tag war?
Zu privat.

13. Ihr bisher schrecklichster Tag war?
Zu privat.

14. Wie sind Sie auf den Hund gekommen?
Hunde gehörten schon immer zu meinem
Leben. Mein Vater hatte bereits Setter und
Teckel, mein Großvater besaß Schäferhunde.

*15. Was schätzen Sie an anderen Menschen
besonders?* Ehrlichkeit, keine Heimtücke,
keine Falschheit, Herzlichkeit. Menschen, die
auch für andere da sind.

16. Was ist Ihr Lieblingsgericht?
Seezunge mit Petersilienkartoffeln – vorher
darf es Tomatensuppe geben.

17. Was bringt Sie zum Lachen?
Schöne Abende mit Familie und Freunden.

18. Was bedeutet für Sie Lebensqualität?
Lebensqualität bedeutet für mich, Menschen
um mich zu haben, die ich liebe und von
denen ich geliebt werde.

19. Was wünschen Sie sich für die Zukunft?
Gesundheit für alle, die mir wichtig sind und
auch Gesundheit für mich, damit ich noch viel
Zeit mit Hunden und Menschen verbringen
kann.

20. Wie lautet Ihr Lebensmotto? Ich muss
mich im Spiegel anschauen können – und ich
werde mich niemals verbiegen!

*21. Was möchten Sie allen Hundehaltern
gerne einmal sagen?* Katastrophen und
Krankheiten, das sind Probleme! Genießt die
Zeit mit Eurem Hund. Und wenn Euch etwas
an Eurem Hund stört, dann sucht Euch professionelle Hilfe und arbeitet daran: Das kann
tatsächlich richtig Spaß machen!

Uwe Friedrich

Menschen Vertrauen in ihre Hunde geben

> »Polizeidienst statt Fußballkarriere«

Fußballstar – das war es, was Uwe Friedrich eigentlich werden wollte. Die Chancen, dass dieser Wunsch in Erfüllung gehen würde, standen für den 43-jährigen Hundetrainer eine Zeit lang äußerst gut. »Eigentlich stand meiner Karriere als Profi-Fußballer nichts im Wege, ich war wirklich gut«, bemerkt der gebürtige Stuttgarter mit einem Zwinkern. »Mit 19 Jahren bekam ich dann leider gesundheitliche Proble-

me, so dass ich den Traum vom Fußball-Star begraben musste«, ergänzt er. Wenn nun auch der Fußballtraum begraben war, so wusste Uwe Friedrich trotzdem, dass sein Beruf auf jeden Fall etwas mit Sport zu tun haben musste. »Der Gedanke, ich könnte beruflich mit Hunden arbeiten, existierte damals noch lange nicht. Ich entschied mich daher zunächst für eine Ausbildung zum Krankengymnasten und arbeitete anschließend auch in diesem Beruf. Schnell bemerkte ich jedoch, dass ich mit dieser Berufswahl nicht wirklich zufrieden war«, berichtet Uwe Friedrich rückblickend. Es folgte eine weitere Ausbildung zum Polizisten und darauf die Arbeit als Polizist und später als Diensthundeführer. »In Stuttgart arbeitete ich sieben Jahre lang als Diensthundeführer. Das war eine lehr-

Mit seinen eigenen Hunden besuchte er anfangs Vereine, konnte der dortigen Arbeit aber nicht viel abgewinnen. Aus diesem Grund begann er, sich auf Seminaren fortzubilden, um andere Ausbildungswege kennen zu lernen.

reiche Zeit«, meint er. Mit Menschen und Hunden arbeitete er während dieser Zeit ehrenamtlich im Verein, aber eben nur nebenbei.

»Wenn das Herz den Weg bestimmt«

Hunde begleiteten von Anfang an den Lebensweg von Uwe Friedrich, standen allerdings nie im Mittelpunkt. »Meine Eltern hatten immer Schäferhunde und Setter. Mein erster eigener Hund war dann allerdings ein Hovawart namens Flori, den ich mit achtzehn Jahren bekam. Mit Flori und den Hunden meiner Eltern war ich, wie es damals üblich war, in verschiedenen Vereinen«, berichtet Uwe Friedrich.

»Die Art mit Hunden umzugehen und zu arbeiten, hat mir allerdings nicht sonderlich gefallen. Mit Motivation wurde kaum gearbeitet und immer nur auf dem Hundeplatz im Kreis laufen und Formalien wie Sitz, Platz und Fuß zu trainieren – das war auf Dauer nichts für mich«, gibt er zu. Da Uwe Friedrich sich mit diesem »Ist-Zustand«, mit dieser Form der Arbeit mit nicht zufrieden stellen wollte, nahm er die Sache selbst in die Hand und begann, verschiedene Seminare zu verschiedenen Themen zu besuchen. »Besonders interessiert hat mich die Nasen- und die Fährtenarbeit. Ich fand es faszinierend zu sehen, was Hunde in diesem Bereich alles leisten können. Es gab mehr als Sitz, Platz und Fuß, das hat mir gefallen und Lust auf mehr gemacht. Ich war vom Hundevirus infiziert und mein Herz schlug eindeutig für die Arbeit mit Menschen und Hunden«, gesteht der ehemalige Diensthundeführer.

»Der Weg zum Glück«

Mit der Zeit registrierte Uwe Friedrich, dass ihm die abwechslungsreiche Arbeit mit Menschen und Hunden deutlich mehr Spaß machte, als die Arbeit mit Diensthunden. »Immer wenn ich sah, wie viel Herzblut die Menschen in die Arbeit mit ihren Hunden steckten und wie bemüht sie waren, alles richtig zu machen, beschlich mich der Gedanke, dass die Arbeit mit Menschen und Hunden doch meine wirkliche Berufung sein musste. Jeder Widerstand schien zwecklos«, verrät er schmunzelnd.

Der Berufswunsch des Hundetrainers reifte bei Uwe Friedrich immer mehr heran, bis er ihn schließlich in die Tat umsetzte. Die Arbeit mit Mensch und Hund stand fortan im Mittelpunkt seines Lebens.

Der Gedanke, die Arbeit mit Hunden zum alleinigen Beruf zu machen, reifte immer mehr. »Nachdem ich dann auch noch ein Seminar bei Ekard Lind besuchte und sah, wie er mit Hunden arbeitete und spielte, wusste ich, dass ich das auch können wollte. In den darauf folgenden Jahren lernte ich viel von Ekard Lind und arbeitete in der Folgezeit auch häufig mit ihm zusammen. Meinen Schwerpunkt legte ich schnell auf die Aufbauarbeit von Hunden im spielerischen Bereich«, erklärt er. Vor zehn Jahren war Uwe Friedrich sich dann ganz sicher, dass die Arbeit mit Hunden das war, was er wirklich wollte. Er hängte seinen Job als Diensthundeführer an den Nagel und gab seinen Beamtenstatus auf, um sich als Hundetrainer selbstständig zu machen. »Mit dieser Entscheidung hatte ich mich und mein Glück gefunden. Die Arbeit mit Menschen und Hunden war für mich nicht nur ein Beruf, sondern eine Berufung«, sagt er aus voller Überzeugung. 1999 gründete er schließlich die »Hundeschule Friedrich« in Stuttgart und startete damit in eine völlig ungewisse Zukunft.

Den Lebenstraum von der eigenen Hundeschule hat Uwe Friedrich sich erfüllt. In Löffingen im Hochschwarzwald betreut er Menschen und ihre Hunde in jeder Lebenslage.

»TEAMCANIN – Ein Lebenstraum wird wahr«

Neben seiner Arbeit als Hundetrainer in Stuttgart, begann Uwe Friedrich Seminare zu verschiedenen Themen zu geben, u.a. auch in Löffingen im Hochschwarzwald. »Ich wollte nicht mein Leben lang als Hundetrainer auf dem Platz stehen, ich wollte mehr. Im täglichen Hundeschulbetrieb kommen die Menschen häufig völlig abgehetzt und gestresst nach der Arbeit mit ihren Hunden zum Training, wollen quasi in ihren Alltagsstress noch eine Stunde Hundetraining packen. In solch einer gehetzten Situation kann sich kaum ein Mensch wirklich auf seinen Hund einlassen. Nicht selten kommt es dann zu unbefriedigenden Trainingsergebnissen. Auf einem Seminar können die Menschen besser abschalten und sich auf die Arbeit mit ihrem Hund konzentrieren«, erzählt Uwe Friedrich.

Vor einem Jahr bekam er dann die Möglichkeit, das Gelände bzw. den Hof zu pachten, den er bereits seit vielen Jahren als Veranstaltungsort für seine Seminare nutzte. Er ergriff die Chance

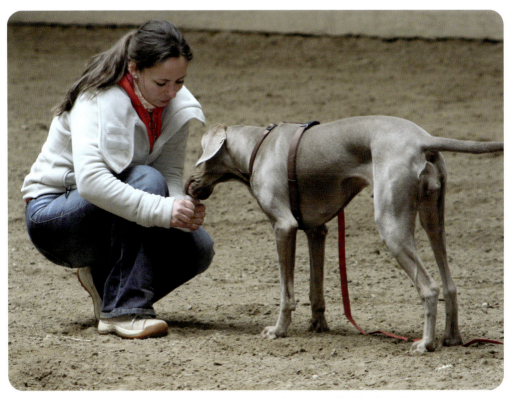

Eine Mensch-Hund-Beziehung funktioniert nur dann, wenn beide einander vertrauen. Uwe Friedrich hilft Hundehaltern, den Weg des Vertrauens zu gehen.

und gründete gemeinsam mit Jessica Ollrogge das Hundezentrum TEAMCANIN, welches zukünftig auch den Service einer Hundepension und physiotherapeutische Behandlung für Hunde anbietet. »Mit dem Hundezentrum TEAMCANIN habe ich mir einen Lebenstraum erfüllt«, gesteht er mit einem Lächeln.

»Fairness steht im Vordergrund«

Im Vordergrund der Arbeit mit Menschen und Hunden steht bei Uwe Friedrich der faire Umgang miteinander. »Der faire Umgang miteinander beinhaltet unter anderem, dass ich nach keiner festgelegten Methode oder Philosophie arbeite. Ich passe mich im Training immer individuell dem jeweiligen Mensch-Hund-Gespann an und orientiere mich dann an den Fähigkeiten des Menschen und den Anlagen des Hundes. Wichtig ist mir besonders, Menschen mit ihren Hunden nicht einfach sich selbst zu überlassen. Wenn ein Hundehalter erkennt, was er da für einen Hund hat, wann er ihn begrenzen muss und wann nicht, wann er etwas laufen lassen kann und wann konsequentes Handeln gefragt ist, dann hat er ein Bewusstsein für seinen Hund entwickelt und ist auf einem guten Weg in eine funktionierende Mensch-Hund-Beziehung, in der die Bedürfnisse beider berücksichtigt und befriedigt werden«, erklärt Uwe Friedrich. »Mit meiner Arbeit möchte ich erreichen, dass Menschen eine Vertrauensbasis zu ihrem Hund entwickeln, Freude am Hund haben und außerdem zu einem Team zusammenwachsen. Wenn die Basis stimmt, kann auch ruhig einmal etwas schief gehen, das ist wie im zwischenmenschlichen Bereich auch«, vergleicht er.

»Wer kein Gespür für Menschen und Hunde hat und wer nicht authentisch ist, der kann diese Arbeit nicht machen. Daher werden bei TEAM-CANIN immer nur Menschen arbeiten, die über viel Fachwissen, Gespür und Erfahrung im Umgang mit Menschen und Hunden verfügen«, erklärt Uwe Friedrich. Generell muss ein Hundetrainer sich nach Meinung von Uwe Friedrich auf jedes Mensch-Hund-Team ganz speziell einstellen können und die individuellen Bedürfnisse erkennen. »Es sind nicht die eigenen Ziele eines Hundetrainers die wichtig sind. Viel wichtiger ist, dass das Mensch-Hund-Team versteht, wie die Hilfestellung des Hundetrainers gemeint und umzusetzen ist. Der Hundetrainer darf niemals eine »Ausbildungsdiktat« vorgeben«, so Uwe Friedrich.

»Hilfe zur Selbsthilfe«

Mit seinen »Vier Säulen der Hundeerziehung« (Beziehungsarbeit, formelle Ausbildung, häusliche Umgebung, Auslastung) möchte Uwe Friedrich Hundehalter in dem Gefühl zu ihrem

Jeder Hundehalter muss letztendlich selbst entscheiden, welchem Weg er mit seinem Hund beschreitet. Uwe Friedrich sieht sich als Wegbereiter, der Mensch und Hund einen möglichen Weg aufzeigt.

Hund bestärken und ihnen ein konkretes Werkzeug an die Hand geben, damit sie in der Lage sind, die Erziehung ihres Hundes zu bewältigen und bei Problemen wissen, was zu tun ist. Dabei geht es ihm nicht darum, nur den einen und einzig richtigen Weg der Hundeerziehung aufzuzeigen, sondern vielmehr möchte er Hundehalter dazu anregen, über sich und die Beziehung zu ihrem Hund nachzudenken, dabei vielleicht gewisse Dinge zu übernehmen oder auch abzulehnen.

»Auf jeden Fall sollte am Ende die Erkenntnis stehen, dass alle vier Säulen letztendlich ineinander greifen und zusammen gehören. Eine gute Leinenorientierung ist beispielsweise nur

Eine funktionierende Mensch-Hund-Beziehung findet immer statt, in jeder Sekunde.

dann möglich, wenn ein Hund seinen Hundehalter auch in anderen Situationen als souveräne Führungspersönlichkeit wahrnimmt. Natürlich kann der Weg je nach Fähigkeiten des Hundehalters und Ausbildungsstand und Naturell des Hundes, länger oder kürzer sein bzw. die einzelnen Säulen treten im Training unterschiedlich stark in den Vordergrund«, so Uwe Friedrich.

»Beziehungsarbeit«

Für Hundetrainer Uwe Friedrich ist die Beziehungsarbeit die wichtigste der vier Säulen. Mit seiner Beziehungsarbeit möchte er bezwecken dass der Hundehalter für seinen Hund einen anderen Stellenwert bekommt. Dazu gehört bei ihm ein ganzes Trainings-Paket, geschnürt aus diversen Auslastungsmodellen, richtigem Spiel und natürlich aus der Persönlichkeit des Hundehalters. »Nehmen wir beispielhaft einmal das Spiel. Es hat einen hohen kommunikativen Charakter, fordert den Hund körperlich und gleichzeitig birgt es einen großen Teil Beziehungsarbeit in sich. Der Hundehalter lernt seinen Hund richtig und gezielt zu motivieren, bestimmt die Regeln des Spiels und übt sich im Grenzensetzen«, erklärt Uwe Friedrich. »Gleichzeitig haben Hundehalter und Hund gemeinsam eine Menge Spaß – das schweißt zusammen«, ergänzt er. Außerdem: Ein Hund der seinem Menschen vertraut lernt viel leichter und ist eher bereit, etwas für seinen Menschen zu tun. An dieser Stelle greifen daher Beziehungsarbeit und Auslastung ineinander, da alle Auslastungsmodelle von einer vertrauens- und respektvollen Mensch-Hund-Beziehung profitieren. Abschließend gibt Uwe Friedrich zum Punkt »Beziehungsarbeit« noch ein Beispiel, welches verdeutlicht, dass Beziehungsarbeit immer, in jeder Sekunde und von Beginn an stattfindet. Eine funktionierende Mensch-Hund-Beziehung erarbeitet man sich eben nicht auf dem Hundeplatz.

»Wenn Sie einen Welpen haben, versuchen Sie einmal Folgendes: Setzen Sie sich auf den Boden und essen Sie in aller Ruhe ein Käse- oder Wurstbrot. Wenn Ihr Welpe Sie bedrängt, machen Sie ihm körpersprachlich deutlich, dass Sie nicht bedrängt werden möchten und sein

Verhalten missbilligen. Sie können Ihren Hund wegschieben, ihm einfach den Arm vor die Brust halten oder ihn auch mal in die Seite zwicken – ja nachdem, was für einen Hund Sie haben. Gelingt Ihnen das, wird sich bereits Ihr kleiner Welpe zukünftig besser an Ihnen orientieren bzw. »nachfragen«, ob er Dieses oder Jenes tun darf«, fasst er zusammen.

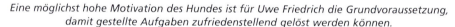

»Formelle Ausbildung«

Formalien, wie die Hörzeichen »Sitz«, »Platz«, »Fuß« oder ein sicheres Abrufen, sind wichtig und unerlässlich für das Leben eines Hundes in unserer Gesellschaft. Für Uwe Friedrich sind sie jedoch längst nicht alles, was ein Hund lernen sollte. »Wichtig ist für mich, dass ein Hund immer mit Freude lernt. Und das tut er nur dann, wenn man ihn nicht überfordert. Von

Eine möglichst hohe Motivation des Hundes ist für Uwe Friedrich die Grundvoraussetzung, damit gestellte Aufgaben zufriedenstellend gelöst werden können.

einem Grundschüler verlangt ja auch niemand, dass er ganz plötzlich die Aufgaben eines Oberstufenschülers löst«, erklärt er. Ein Hund muss also verstehen, was sein Mensch überhaupt von ihm möchte, bevor dieser das Gelernte einfordern kann. Im Training legt Uwe Friedrich daher besonders viel Wert auf eine möglichst hohe Motivation des Hundes.

»Die Grundvoraussetzung, damit ein Hundehalter mit seinem Hund etwas tun kann, ist, dass der Hund für die zu erlernende Aufgabe entsprechend motiviert ist. Nur wenn der Hund ausreichend motiviert ist, verfügt er auch über eine ausreichende Konzentration und Aufmerksamkeit, um die vom ihm geforderte Aufgabe zu verstehen«, so der Hundetrainer. Dabei darf nicht vergessen werden, dass diese Motivation in erster Linie durch den Menschen, und nicht durch künstliche Verstärker wie Futter oder Spielzeug ausgelöst werden sollte. »Verstärker wie Futter und Spielzeug haben ihre Berechtigung, sind manchmal sogar unentbehrlich. Beispielsweise immer dann, wenn es darum geht, einem Hund etwas Neues beizubringen. Im Laufe der Zeit sollten diese Verstärker aber immer mehr abgebaut werden«, meint Uwe Friedrich. »Je lieber ein Hund etwas macht, desto zuverlässiger wird er es später auch ausführen und umso weniger wird er sich von Außenreizen ablenken lassen«, erläutert er seine Einstellung. Im Training selbst hält Uwe Friedrich nichts von der »Mal-gucken-ob-es-gut-geht-Einstellung«. Er sichert einen Hund so lange ab (z.B. mit einer Schleppleine), bis dieser das von ihm verlangte Hörzeichen unter allen denkbaren Bedingungen zuverlässig ausführt. »Wenn ich weiß, dass mein Hund das verlangte

Hörzeichen eigentlich kann, sich aber trotzdem widersetzt, kommt meine Persönlichkeit ins Spiel – und somit auch wieder ein Stück Beziehungsarbeit«, macht Uwe Friedrich auf die bestehenden Verbindungen zwischen den einzelnen vier Säulen aufmerksam. »Jetzt liegt es am Hundehalter, das geforderte Hörzeichen auch durchzusetzen. Wenn mein Hund mich wirklich ernst nimmt und mich als Führungspersönlichkeit respektiert, wird er mir irgendwann auch ohne diverse Hilfsmittel und Verstärker zuhören und meine Befehle befolgen«, sagt Uwe Friedrich aus Überzeugung. »Mein Ziel ist, dass mein Hund mir quasi an den Lippen hängt und auf mich, meine Körpersprache und meine Gesten achtet. In letzter Konsequenz soll er sich an meiner Persönlichkeit orientieren und nicht an Spielzeug oder Futter«, erklärt er abschließend zu diesem Punkt.

»Häuslicher Bereich«

Auffallend ist, dass viele Hundehalter auf dem Hundeplatz oder draußen sehr konsequent im Umgang mit ihrem Hund sind, drinnen, also im Haus, aber nicht. Dazu ein Beispiel: »Wenn Sie mit Ihrem Hund auf dem Hundeplatz und auf Spaziergängen konsequent den sicheren Rückruf trainieren und den Hund zusätzlich mit einer Schleppleine absichern, damit er keine unerwünschten »Fluchtversuche« unternehmen kann, ist das nur die eine Hälfte der Medaille. Wenn Ihr Hund auf der anderen Seite beispielsweise im Garten Ihre Blumen ausbuddelt, Sie ihn dann von der Terrasse aus zurückrufen, er nicht kommt, es aber auch keine Konsequenz für ihn gibt, weil Ihr Hund zuhause

Hunde brauchen allgemeingültige Regeln, die nicht jeden Tag umgeändert werden. Stabilität ist hier das Stichwort, welches auch Uwe Friedrich Hundehaltern im Umgang mit ihren Hunden vermittelt.

natürlich nicht durch eine Schleppleine gesichert ist, dann lernt er vor allen Dingen eins: Das es keine allgemeingültigen Regeln gibt, dass er zu Hause machen kann, was er will, und dass Ihr Rückruf nur in bestimmten Situationen zu befolgen ist«, erläutert Uwe Friedrich. Diese Diskrepanz macht es dem Hund häufig schwer, eine klare Linie seines Menschen zu erkennen bzw. sich an dieser zu orientieren.

»Wer seinen Hund in den eigenen vier Wänden permanent streichelt und auf jede seine Forderungen eingeht, sei es mit Schmuse- und Spieleinheiten oder gar mit Futtergaben, der darf sich nicht wundern, wenn der Hund ihn drau-

ßen einfach stehen lässt – seine Zuwendung bekommt er ja im Haus«, macht Uwe Friedrich deutlich. Aus seiner Sicht kann es daher durchaus sinnvoll sein, sich als Hundehalter im Haus eher rar zu machen, dem Hund die Aufmerksamkeit zu entziehen und ihn auch nicht mehr permanent zu füttern. Denn wenn der Hund drinnen weniger Aufmerksamkeit bekommt, sein Besitzer dafür draußen aber umso mehr mit ihm kommuniziert, es für diese Kommunikation oder kleinere Aufgaben außerdem noch einen Teil des Futters gibt, dann wird der Mensch für seinen Hund draußen automatisch wieder interessanter. »Häufig wird vergessen, dass wir mit unseren Hunden ja gerade im häuslichen Bereich die meiste Zeit verbringen. Meiner Meinung nach ist es da nur logisch, dass genau aus diesem Grund gerade zu Hause keine Anarchie herrschen sollte. Natürlich gilt auch hier: Wer kein Problem mit seinem Hund hat, der muss auch nichts verändern. Wer aber draußen Probleme hat, der sollte drinnen beginnen, etwas zu ändern«, erklärt Uwe Friedrich.

Das Longieren fördert Hunde geistig und körperlich. Genau deshalb gehört es zu den favorisierten Auslastungsmodellen von Uwe Friedrich.

»Auslastung«

Die von Uwe Friedrich favorisierten Auslastungs-modelle haben das Ziel, dem Hund zu zeigen, wie er seine Bedürfnisse ausleben kann. Wichtig dabei ist, dass Mensch und Hund etwas gemeinsam tun, dass der Mensch sich mit seiner Persönlichkeit einbringt und nicht nur als Ballwurfmachschiene oder Futterautomat fungiert. »Die gewählte Auslastung sollte auf jeden Fall einen kommunikativen Charakter haben. Daher gehören das Longieren und die Nasenarbeit ja auch zu meinen Auslastungs-Favoriten. Bei beiden Beschäftigungsvarianten werden die Hunde sowohl geistig, als auch körperlich gefordert«, erklärt Uwe Friedrich.

Beim Longieren gerät der Mensch nach und nach immer mehr in den Fokus seines Hundes, er »guckt« mehr, orientiert sich besser und Außenreize werden mit der Zeit immer unwichtiger. Bei der Nasenarbeit initiiert der Hundehalter die Arbeit, wird durch das Verstecken des Gegenstandes interessant, ermöglicht seinem Hund das Suchen des Gegenstandes und lobt diesen anschließend ausgiebig. Hier vereinen sich nicht nur körperliche und geistige Arbeit, sondern Hund und Mensche erleben überdies etwas gemeinsam, das soziale Bedürfnis des Hundes nach Zuwendung und Zugehörigkeit wird gestillt. »Mit der Mensch-Hund-Beziehung ist es wie mit einer menschlichen Partnerschaft: Durch gemeinsames Tun und durch gemeinsame positive Erlebnisse, wächst man immer mehr zusammen. Somit leistet sinnvolle Auslastung auch immer einen positiven Beitrag zur Beziehungsarbeit. Der Teamgedanke wir dabei sehr deutlich«, findet Uwe Friedrich. Abschließend macht er noch darauf aufmerksam, dass sich bei aller Hundeliebe auch der Mensch bei dem gemeinsamen Tun wohlfühlen muss. »Finden Sie heraus, was für Sie und Ihren Hund richtig ist, was Ihnen gemeinsam Spaß macht und was nicht. Ihr Hund ist kein bloßer Befehlsempfänger, aber auch kein Demokrat. Sie werden nur dann eine funktionierende Beziehung zu Ihrem Hund aufbauen, wenn Sie Ihre eigene Persönlichkeit in die Erziehung und in jegliches Tun mit einbeziehen – und das mit viel Freude und Empathie für Ihren Hund«, sagt Uwe Friedrich abschließend.

Info: Uwe Friedrich

Uwe Friedrich betreibt in Löffingen im Schwarzwald das Hundezentrum TEAM-CANIN. Dort bietet er Menschen und Hunden eine individuelle und professionelle Ausbildung an, wobei der Trainingsschwerpunkt auf der Alltagstauglichkeit eines Hundes liegt. Als ehemaliger Diensthundeführer der Polizeibehörde Stuttgart, verfügt er auch im Bereich der Arbeit und Ausbildung mit Gebrauchshunden über einen großen Erfahrungsschatz. Themen wie »Hilfe! Mein Hund jagt!« und »Dukkha – vom Streuner zum Drogenspürhund« wurden bereits von »hundkatzemaus« auf VOX dokumentiert.
Weitere Informationen:
www.teamcanin.com

Deutschlands Hundetrainer

Petra Führmann

Fragen an Petra Führmann

1. Ihr Name ist?
Petra Führmann.

2. Wie alt sind Sie?
1965 geboren.

3. Von Beruf sind Sie?
Hundetrainerin.

4. Aus wem besteht Ihre Familie?
Aus meinem Mann und meinem
15-jährigen Sohn.

**5. Welche und wie viele Hunde
besitzen Sie?**
»Jordy«, Border Collie, 12 Jahre,
»Zeppo«, Langhaarschäfer, 5 Jahre,
»Flip«, Chihuahuamix, 4 Jahre,
»Hummel«, Chihuahua, 3 Jahre,
»Holly«, Chihuahua, 3 Monate.

6. Welches ist Ihre größte Macke?
Mir einzubilden, keine großen Macken
zu haben … außerdem bilde ich mir
ein, nicht eingebildet zu sein …

**7. Wenn Ihre Hunde Menschen wären,
welche Berufe hätten sie?**
Jordy: einer der Opas von der Muppet-
Show, Zeppo: Hausmeister,
Flip: Lebenskünstler,
Hummel: Hollywooddiva,
Holly: der Schrecken der Straße.

8. Was für ein Hund wären Sie?
Promenadenmischung zwischen
Irish Wolfhound, Border Collie und
Deutschem Schäferhund.

**9. Welchen Prominenten würden Sie
gern einmal kennenlernen?**
Puh … ich mache mir nix aus
Prominenten.

**10. Wenn Sie König von Deutschland
wären, was würden Sie zuerst tun?**
Die Monarchie abschaffen.

**11. Was war das Peinlichste, das Ihnen
je passiert ist?**
Mit einem Kunden eine halbe Stunde
lang »Annie, komm!« zu üben … bis er
mich fragte, warum wir »Annie,
komm!« üben, wo der Hund doch Ayla
heißt …

12. Ihr bisher schönster Tag war?
Die Geburt meines Sohnes Kyle und in
der Namib auf einer Düne zu stehen.

13. Ihr bisher schlimmster Tag war?
Der Tod meines ersten Hundes.

**14. Wie sind Sie auf den Hund
gekommen?**
Hunde waren immer da.

**15. Was schätzen Sie an anderen
Menschen besonders?**
Großzügigkeit, Toleranz, Loyalität,
Ehrlichkeit.

16. Was ist Ihr Lieblingsgericht?
Spargel-Risotto.

17. Was bringt Sie zum Lachen?
Der Humor meines Mannes und der
meiner Freundin und Hundeschul-
partnerin Iris Franzke.

**18. Was bedeutet für Sie
Lebensqualität?**
Genügend Zeit für meine Familie und
meine Hunde zu haben.

**19. Was wünschen Sie sich für die
Zukunft?**
Mehr Gesundheit und genügend Zeit.

20. Wie lautet Ihr Lebensmotto?
Gib mir die Gelassenheit, die Dinge zu
akzeptieren, die ich nicht ändern kann,
den Mut, die Dinge zu ändern, die ich
ändern kann, und die Weisheit, den
Unterschied zu erkennen.

**21. Was möchten Sie allen
Hundehaltern gern einmal sagen?**
Hören Sie mehr auf Ihren gesunden
Menschenverstand!

Petra Führmann

Artgerechte Optimierung des Mensch-Hund-Teams

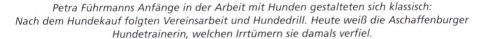 »Der Weg ist das Ziel«

In der Nähe von Aschaffenburg aufgewachsen, machte Petra Führmann bereits als Kind aufschlussreiche Erfahrungen mit dem familieneigenen Dackel. »Unser damaliger Zwerg-Langhaar-Dackel schlief bei mir im Bett, und ich kümmerte mich um ihn, wann immer ich Zeit für ihn fand. Trotzdem knurrte er mich an, wenn ihm meine Sympathiebekundungen zu viel wurden«, erzählt Petra Führmann rückblickend mit einem Schmunzeln. »Viel schlimmer als das Geknurre war für mich aber, dass dieser Dackel nichts, aber auch gar nichts tat, was ich von ihm verlangte. Als Kind hatte ich beispielsweise im Dunkeln manchmal Angst, wenn ich nachts von meinem Zimmer auf die Toilette wollte. Daher nahm ich den Dackel mit, damit er mich beschützte. Schloss ich jedoch nicht gleich die Badezimmertür, marschierte er sofort zurück ins Bett, ohne auf mich zu warten. Das hat mich als Kind natürlich enttäuscht und gleichzeitig wütend gemacht«, erzählt sie.

»Hunde und Pferde wollte ich immer schon haben, allerdings war ich noch weit davon ent-

Petra Führmanns Anfänge in der Arbeit mit Hunden gestalteten sich klassisch: Nach dem Hundekauf folgten Vereinsarbeit und Hundedrill. Heute weiß die Aschaffenburger Hundetrainerin, welchen Irrtümern sie damals verfiel.

Ihre erste Hundeschule eröffnete Petra Führmann in dem Glauben, dass schon alles klappen würde.
An Mut hat es ihr von Anfang an nicht gefehlt.

fernt, über eine berufliche Laufbahn mit Hunden nachzudenken«, berichtet Petra Führmann. »Mit neunzehn Jahren entschied ich mich dann für einen Schäferhund aus dem Tierheim, kaufte mir ein Hundebuch mit dem Titel »Der Deutsche Schäferhund« und erzog den Hund danach. Erstaunlicherweise klappte das auch ziemlich gut«, erinnert sich Petra Führmann an ihre damaligen Erziehungsversuche.

»Es gab nur eine Sache, die ich mithilfe des Buches nicht abstellen konnte: Der Hund gebärdete sich wie wild an der Leine, so dass ich ihn manchmal kaum halten konnte. Ein Bekannter riet mir dann zu einem Stachelhalsband (Anfang der 8oer gang und gäbe) – und siehe da, es funktionierte«, erzählt Petra Führmann. »Heute würde ich ein Stachelhalsband nicht mehr benutzen, aber damals war ich auf die Hilfe sogenannter »Profis« angewiesen, gibt Petra Führmann offen zu. »Kurz darauf begann mein damaliger Lebensgefährte eine Schutzhundausbildung mit meinem Schäferhund, was zur Folge hatte, dass ich für ihn als Bezugsperson mehr und mehr an Bedeutung verlor. Daraufhin kaufte ich mir einen Langhaar-Schäferhund, mit dem ich ebenfalls eine Ausbildung zum Schutzhund absolvierte«, erzählt sie. »Unser Verein bot damals auf meine Initiative hin auch Erziehungskurse für Hunde anderer Rassen an, was nicht unbedingt üblich war. Ich bewarb mich um den Trainerposten und bekam ihn. Schnell fiel mir auf, dass viele Hunde auf dem Hundeplatz perfekt bei Fuß liefen, Sitz und Platz machten, ihren Besitzern außerhalb des Hundeplatzes aber die allergrößten Probleme bereiteten«, stellt Petra Führmann das damalige Dilemma dar. Voller Engagement und dem festen Vorsatz, diesen Menschen und ihren Hunden zu helfen, wandte sich die Aschaffenburger Hundetrainerin ratsuchend an den Vereinsleiter und bat um Hilfe. Dessen schroffe Antwort ließ in Petra Führmann die Erkenntnis reifen, dass diese Einstellung zum Lebewesen Hund und die Art mit ihm umzugehen definitiv falsch sein musste. »Der Vereinsleiter sagte mir damals ins Gesicht, dass die Leute dann einfach mehr Druck ausüben müss-

ten und die Hunde außerhalb des Hundeplatzes ja ohnehin an die Leine gehörten. Enttäuscht über so viel Engstirnigkeit und Oberflächlichkeit, machte ich mich daran, alles über Hunde, deren Verhalten und Kommunikation zu erfahren, was ich finden konnte«, berichtet Petra Führmann von den Folgen dieser Unterredung.

»Mit Trumler zur eigenen Hundeschule«

Auf dem Weg, dem begrenzten Denken des Schäferhundvereins zu entkommen, stieß Petra Führmann irgendwann auf die Bücher von Eberhard Trumler und war von da an wie elektrisiert: »Trumlers Ein- und Ansichten über das, was Hunde sind und wie man mit ihnen umgehen sollte, sprachen mir aus der Seele, und ich übernahm seine Leitgedanken für meine zukünftige Arbeit mit Hunden. Ich war von da an so motiviert, mit Hunden zu arbeiten und es besser zu machen als diejenigen, bei denen ich es gelernt hatte, dass ich gemeinsam mit meiner Freundin Nicole Hoefs meine erste Hundeschule eröffnete. Rückblickend war das sicherlich etwas naiv und selbstüberschätzend, aber ich habe es eben einfach gemacht«, sagt Petra Führmann.

»Die ersten Jahre lief die Hundeschule allerdings mehr oder weniger nebenbei, da ich hauptberuflich noch als Chefsekretärin in einem großen Konzern arbeitete. In den folgenden Jahren kam außerdem mein Sohn zur Welt, was die Arbeit in der Hundeschule zusätzlich nur in Teilzeitarbeit möglich machte«, berichtet Petra Führmann über die Schwierigkeiten der ersten Jahre. »Ende der 9oer ging dann plötz-

Gemeinsam mit Iris Franzke führt Petra Führmann heute erfolgreich die Hundeschule Aschaffenburg.

lich alles ganz schnell. Nicole Hoefs musste aus beruflichen Gründen aussteigen, sodass ich vorerst mit meiner Hundeschule allein dastand. Mit Iris Franzke fand ich aber schon bald eine engagierte Partnerin, die bereit war, das Wagnis »eigene Hundeschule« mit mir weiterzuführen. So kam es dann auch, dass wir gemeinsam die »Hundeschule Aschaffenburg« gründeten, die bis heute besteht«, erzählt Petra Führmann.

»Bereits nach einiger Zeit schwenkten wir auch von Gruppenkursen um zu Einzelunterricht. Nur

so können wir individuell und gezielt mit jedem Hund und seinem Besitzer arbeiten. Besonders wichtig ist uns, für jedes Mensch-Hund-Team den optimalen Weg zu finden. Dabei legen wir uns nicht auf die »Methode XY« fest, sondern suchen das, was zu beiden passt: zu Hund UND Mensch. Damit sind wir so erfolgreich, dass inzwischen viele angehende Hundetrainer aus dem In- und Ausland zur Fortbildung zu uns kommen. Wir geben unser Wissen gern weiter, das ist ein Aspekt unserer Arbeit, der uns viel Freude bereitet.«

»Welpenfrüherziehung als wichtiges Element«

Die Welpenfrüherziehung liegt Petra Führmann besonders am Herzen – und das aus gutem Grund: »Je früher man als Hundebesitzer damit beginnt, den Welpen zu erziehen, desto weniger hat er die Chance, etwas Falsches zu lernen. Besonders wichtig ist es meiner Meinung nach, dass die Menschen von Anfang an erkennen, wo die goldene Mitte liegt. Früher gab es das Problem, dass die Menschen ihre Hunde häufig nur als reine Gebrauchshunde sahen. Nicht selten saßen die Tiere den ganzen Tag in ihren Zwingern oder hingen an der Kette. Auf jeden Fall wurden sie nicht wie ein Familienmitglied oder ein Sozialpartner behandelt. Heute haben wir als Hundetrainer genau mit dem Gegenteil zu kämpfen: Wir sind ständig damit beschäftigt, das »Verwöhnaroma« zu reduzieren«, beschreibt Petra Führmann einen großen Teil ihrer täglichen Arbeit.

»Viele Menschen sind beispielsweise nicht mehr in der Lage, ihren Hunden Grenzen zu setzen, und das beginnt schon im Welpenalter. Dazu ein klassisches Beispiel: Die frisch gebackenen Welpenbesitzer kommen mit ihrem Hund zu uns aufs Gelände und lassen sich von ihrem kleinen Welpen kreuz und quer über den Platz ziehen. Nur die Wenigsten schaffen es, stehen zu bleiben und dem Willen des Welpen nicht nachzugeben«, berichtet Petra Führmann aus dem Alltag ihrer Hundeschule. »Nicht wenige Besitzer schaffen es wiederum innerhalb kürzester Zeit, sich für ihren Hund vollkommen uninteressant zu machen, weil sie dem ach so süßen Welpen vierundzwanzig Stunden am Stück ihre volle Aufmerksamkeit schenken und jede Regung des Hundes sofort kommentieren, jeden Wunsch des Hundekindes sofort erfüllen«, beschreibt Petra Führmann eines der großen Probleme in der Hundeerziehung. Den Grund für dieses unreflektierte Verhalten vieler Hundebesitzer sieht die Aschaffenburger Hundetrainerin zum einen in der Entfremdung vieler Menschen von der Natur und zum anderen in einer überdimensionierten Psychologisierung des Hundes. »Was häufig fehlt, ist das gesunde Bauchgefühl und eine realistische Einschätzung, was man da denn für ein

Petra Führmann betrachtet die Entwicklung der heutigen Hundewelt mit wachsender Sorge. Ganz nach dem Motto: Gut gemeint ist nicht gut gemacht, arbeitet sie gegen zu viel »Verwöhnaroma« der vierbeinigen Lieblinge an.

Lebewesen vor sich hat. Einen Hund einfach mal Hund sein zu lassen, das gelingt vielen Menschen immer seltener. Sie können häufig den Transfer vom Menschen- zum Hundeverstand nicht leisten, reagieren entweder zu hart oder zu weich. Und das deshalb, weil sie gar nicht mehr wissen, was Hundsein eigentlich bedeutet«, fährt sie fort. »Leider begegne ich außerdem immer wieder dem Vorurteil, dass Hunde erst ab dem sechsten oder sogar erst ab dem zwölften Lebensmonat erzogen werden können, obwohl die Vorteile der frühen Welpenerziehung bereits seit über zwanzig Jahren bekannt sind. Gerade in der Sozialisierungsphase, also etwa bis zur 16. Woche, bezeichnet man das Lernen auch als »prägungsähnliches Lernen«. Diese Zeit optimal auszunutzen, ist unbezahlbar«, berichtet Petra Führmann aus langjähriger Berufserfahrung.

»Überzeugt von Raufergruppen«

Überzeugt ist Petra Führmann besonders von den sogenannten »Raufergruppen«, da diese ihrer Meinung nach einen wichtigen Beitrag leisten, schwierigen Hunden ein hundegerechtes Leben zu ermöglichen. »Insgesamt nehmen Aggressionen unter Hunden momentan etwas ab. Den Grund dafür sehe ich darin, dass das Bewusstsein für die Notwendigkeit von Welpengruppen gestiegen ist. Immer mehr Hunde bekommen so die Möglichkeit, die Sprache ihrer bisweilen sehr unterschiedlichen Artgenossen kennen zu lernen«, erklärt sie. »In den Raufergruppen in der »Hundeschule Aschaffenburg«, lassen wir die Raufer nicht einfach aufeinander los, wir kontrollieren das Ganze«, nimmt Petra Führmann gleich vorweg. »Vor dem ersten

Zusammentreffen mit anderen Hunden sichern wir den jeweiligen Hund mit einem Maulkorb und einer Fünf-Meter-Leine ab. Stürzt sich dieser Hund nun auf einen anderen, stoppen wir ihn, indem wir ihm zu zweit oder zu dritt entgegenspringen. Wir verhindern mit dieser Maßnahme jede unangemessene Kommunikation gleich im Ansatz. Der Besitzer des Hundes darf bei diesem Training zwar vom Rande aus zuschauen, soll aber zunächst selbst nicht in das Geschehen eingreifen. Wenn der Besitzer allerdings sehr gestresst ist und die Situation nur schwer ertragen kann, dann schicken wir ihn auch schon mal vom Platz, damit er seine Nervosität nicht auf den Hund überträgt«, erzählt Petra Führmann.

»Natürlich darf ein Hund einen anderen Hund auch mal androhen, um auf diese Weise mit ihm zu kommunizieren und zu sagen: Bleib mir vom Leib! Wir unterbinden es aber, wenn sich ein Hund sofort auf einen anderen Hund stürzt und ihn ernsthaft verletzen möchte. Der betreffende Hund lernt durch uns, dass Menschen etwas zu sagen haben und dass diese sein Verhalten ab sofort nicht mehr dulden«, erklärt Petra Führmann diese Vorgehensweise. »In der Regel steht der Hund nach solchen Verhaltensabbrüchen unsererseits erst einmal tatenlos herum, weil sein bisheriges Muster durchbrochen wurde. Nach und nach baut ein solcher Hund dann wieder vorsichtigen Kontakt zu anderen Hunden auf. Darüber freuen wir uns jedes Mal aufs Neue«, sagt Petra Führmann lächelnd. »Auf der anderen Seite schützen wir sozial unsichere Hunde in unseren Spiel- und Raufergruppen natürlich auch vor anderen Hunden; sie dürfen in unserer Gegenwart nicht

Richtiges Sozialverhalten lernen Hunde in der Hundeschule Aschaffenburg bereits von Welpenalter an. Hat ein erwachsener Hund Probleme, sich mit seinen Artgenossen zu verständigen, bietet Petra Führmann »Rauergruppen« an, in denen unerwünschtes Verhalten korrigiert wird.

von anderen Hunden angegriffen oder attackiert werden«, stellt die engagierte Hundetrainerin klar und deutlich heraus. »Im begleitenden Einzelunterricht wird natürlich neben dem Hund auch der Besitzer geschult. Er lernt, die Sprache seines Hundes zu lesen und dessen Verhalten richtig einzuordnen. Im Endergebnis lernt der Hund wiederum, mit anderen Hunden zu kommunizieren oder diese wenigstens zu ignorieren«, beschreibt Petra Führmann das Ziel des Trainings.

»Zu Beginn des Trainings lernt der Hund natürlich zuerst einmal: Wenn die Trainerinnen dabei sind, dann läuft hier nix, da verhalte ich mich lieber ruhig. Dieses neue Verhalten auch auf die gewohnte Umgebung zu transferieren und auch dann beizubehalten, wenn Frauchen oder Herrchen dabei sind, ist die eigentliche Leistung und erfordert von Mensch und Hund viel Geduld und Training. Gerade mit schwierigen und aggressiven Hunden bin ich sehr vorsichtig und abwartend, wenn ich das Gefühl habe, dass da noch etwas schief gehen könnte. Den Maulkorb behalte ich dann lieber etwas länger bei und entferne ihn erst dann, wenn der Hund mir zuvor einige Male gezeigt hat, dass er Konflikte allein managen kann und ich als Hundetrainer nicht mehr eingreifen muss«, erläutert sie abschließend.

»Individueller Einzelunterricht für Mensch und Hund«

Wenn es nicht gerade um die Welpenspielgruppe oder um die Rauergruppe geht, arbeitet Petra Führmann ausschließlich im individuellen Einzelunterricht.
»Ich ziehe den Einzelunterricht immer dem Gruppenunterricht vor, da ich so viel intensiver und individueller auf das jeweilige Mensch-

Petra Führmann ist ein großer Freund von Einzelunterricht.
Gemeinsames Herumtollen und Lernen gibt es bei ihr nur in der Welpengruppe.

Hund-Team eingehen kann. Gruppenkurse hingegen, die nicht über die Erziehungsziele Sitz, Platz, Fuß hinausgehen, bringen leider in den seltensten Fällen einen Hund, der sich aus jeder Situation abrufen lässt. Genauso wenig können in einer Gruppenstunde Verhaltensauffälligkeiten wie beispielsweise Separationsängste, Jagdverhalten und erlerntes Aggressionsverhalten korrigiert werden. Außerdem ist es im Gruppenunterricht nicht möglich, auf rassespezifische Besonderheiten einzugehen. Gerade

darauf lege ich aber im Training besonders großen Wert«, sagt Petra Führmann.

Die ersten ein bis drei Einzelstunden finden meist in der Nähe des Trainingsgeländes der »Hundeschule Aschaffenburg« statt. Erst wenn die geforderten Aufgaben ohne große Ablenkung sicher und ohne Ablenkung gut funktionieren, geht Petra Führmann in den weiteren Trainingsstunden in alltägliche Situationen, in denen Mensch und Hund das Gelernte unter realistischen

Chihuahuas sind die Persönliche Leidenschaft der Aschaffenburger Hundetrainerin, die diese Hunde auch züchtet.

Bedingungen trainieren können. »Das können, je nach Problematik, Wald und Wiese, Stadt oder auch das eigene Haus sein«, erläutert sie. Da die praktischen Anwendungsmöglichkeiten ebenso wichtig sind wie theoretische Grundlagen, lernt bei Petra Führmann nicht nur der Hund: »Ich lege großen Wert darauf, dass bei meinen Trainingsstunden Mensch und Hund gemeinsam lernen. Gerade die Zweibeiner müssen häufig mehr lernen als ihre Hunde«, weiß Petra Führmann aus Erfahrung. »Körpersprache und Kommunikation, da hapert es am meisten«, ergänzt sie.

»Weniger ist mehr«

Mit einem Hund ausgedehnte Spaziergänge zu machen oder ihn bei alltäglichen Besorgungen einfach mitzunehmen, reicht vielen Menschen nicht mehr aus.

»Unter Hundehaltern ist teilweise ein regelrechter Beschäftigungswahn ausgebrochen. Viele Menschen haben permanent ein schlechtes Gewissen, sie könnten ihren Hund nicht ausreichend auslasten. Dieses Gefühl versuche ich den Menschen zu nehmen. Ich sage ihnen, dass es vollkommen in Ordnung ist, wenn sie nicht montags zum Agility, dienstags zum Obedience und mittwochs zum Flyball gehen. Weniger ist manchmal mehr, das gilt auch für den Umgang mit dem Hund. Des Weiteren meinen viele Hundehalter, dass Hunde immer lustig sein müssen, immer spielen wollen und sich auch mit allen anderen Hunden immer gut verstehen müssen. Dieser Irrglaube überfordert viele Hunde und hat absolut nichts mit der Realität zu tun«, bemerkt Petra Führmann. Natürlich soll das nicht heißen, dass Hunde nicht ausgelastet und beschäftigt werden müssen. Wie so oft, ist auch hier der goldene Mittelweg der richtige. Weniger schlimm findet die Aschaffenburger Hundetrainerin, dass Hunde häufig als Kind- oder Partnerersatz herhalten müssen. »Streng genommen ist das doch gar nichts Schlimmes oder Verwerfliches. Den Hunden geht es ja meistens gut dabei. Bedacht werden sollte nur, dass ein Hund zwar ein Partner sein kann, aber eben nicht im Sinne von menschlicher Partnerschaft. Zwischen Mensch und Hund kann es keine Demokratie geben, das funktioniert nicht. Wer beispielsweise wie ich mehrere Hunde hat, würde dann permanent überstimmt werden, hätten die Hunde ein Mitspracherecht«, sagt Petra Führmann mit einem Schmunzeln. »Hunde brauchen eine positive Autorität im Sinne einer Führungspersönlichkeit, der man gern folgt und die ihren Führungsanspruch nicht diktatorisch missbraucht«, beschließt sie ihre Ausführungen.

Info: Petra Führmann

Petra Führmann, Jahrgang 1965, wuchs mit einem Zwergdackel auf und kam 1985 mit ihrem ersten Schäferhund aus dem Tierheim über den Schäferhundeverein zum Hundesport und zur Hundeausbildung. 1992 gründete Sie die »Hundeschule Aschaffenburg«, die sie bis heute gemeinsam mit Iris Franzke betreibt. Derzeit lebt sie mit ihrer Familie und ihren fünf Hunden in Aschaffenburg und arbeitet neben ihrer Tätigkeit als Hundetrainerin auch erfolgreich als Autorin kynologischer Fachliteratur.

Neben der Hundeschule organisiert Petra Führmann ein Hundezubehörfachgeschäft, einen Onlineshop und ist als Sachverständige tätig. 1997 wurde sie als erste Frau Bayerns als »Öffentlich bestellte und beeidigte Sachverständige für das Hundewesen« ernannt und führt seitdem Wesenstest durch. Daneben ist wird sie in ganz Deutschland als Sachverständige für Gerichte in Anspruch genommen.

Weitere Informationen:
www.hundeschule-aschaffenburg.de

Deutschlands Hundetrainer

Katja Geb-Mann

Fragen an Katja Geb-Mann

1. Ihr Name ist?
Katja Geb-Mann.

2. Wie alt sind Sie?
45 Jahre.

3. Von Beruf sind Sie?
Tierverhaltenstherapeutin.

4. Aus wem besteht Ihre Familie?
Aus meinem Mann Dietmar, mir und meinen beiden Hunden Luke und Luna.

5. Welche und wie viele Hunde besitzen Sie?
Eine Deutsche Dogge, Luke.

6. Welches ist Ihre größte Macke?
Tatsächlich meine oder die des Hundes??? ;-) Mmh, ich habe vermutlich etliche Macken, aber ich glaube keine sehr herausragende. Vielleicht die: Ich MUSS alles, was ich anfange, auch zu Ende bringen. Halbe Sachen mag ich nicht und mach ich nicht.

7. Wenn Ihre Hunde Menschen wären, welche Berufe hätten sie?
Luke wäre vermutlich Heiratsschwindler geworden.

8. Was für ein Hund wären Sie?
Ein Irischer Wolfshund.

9. Welchen Prominenten würden Sie gern einmal kennenlernen?
Ich denke, die meisten »Prominenten« sind auch nicht spannender als viele der Menschen, die ich tagtäglich kennen lerne. Aber wenn ich die Frage unbedingt beantworten muss, dann hätte ich wahnsinnig gern einige der russischen Schriftsteller wie Dostojewski und Solschenizyn kennen gelernt.

10. Wenn Sie König von Deutschland wären, was würden Sie zuerst tun?
Als König von Deutschland würde ich mir zuallererst mal 'ne Königin suchen, denn wir wissen ja: Frauen regier'n die Welt. Dann würde ich Massentierhaltungen abschaffen und das Schulfach »Bescheidenheit« einführen.

11. Was war das Peinlichste, das Ihnen je passiert ist?
… nächste Frage …

12. Ihr bisher schönster Tag war?
… zu privat.

13. Ihr bisher schlimmster Tag war?
… zu privat.

14. Wie sind Sie auf den Hund gekommen?
Der war schon da, als ich auf die Welt kam … in zweifacher Ausführung: zwei Boxer.

15. Was schätzen Sie an anderen Menschen besonders?
Intellekt, Humor und Toleranz.

16. Was ist Ihr Lieblingsgericht?
Alle, wirklich alle süßen Speisen. Besonders Kaiserschmarrn etc.

17. Was bringt Sie zum Lachen?
Situationskomik, besonders, wenn sie durch die typisch menschlichen Missverständnisse entsteht.

18. Was bedeutet für Sie Lebensqualität?
Gesund zu sein, meine Familie, meine Tiere, meine Freunde um mich zu haben, täglich Zeit zu finden für das Lesen guter Bücher, mit Menschen und Tieren zu arbeiten.

19. Was wünschen Sie sich für die Zukunft?
Immer Ziele zu haben.

20. Wie lautet Ihr Lebensmotto?
Ich habe zwei.
1. Wer stets mit dem Strom schwimmt, wird niemals die Quelle erreichen.
2. Der größte Fehler, den man im Leben machen kann, ist immer Angst zu haben, einen Fehler zu machen.

21. Was möchten Sie allen Hundehaltern gern einmal sagen?
Das würde Bücher füllen. Darum nur einen Satz: Es gibt keine aussichtslosen Fälle, allenfalls hoffnungslose Therapeuten.

Katja Geb-Mann

Jeder Hund verdient
ein Dankeschön

»Faszination Kommunikation«

Zwei Boxer waren die ersten Hunde, die Katja Geb-Manns Lebensweg begleiteten. Sie wuchs auf in Würzburg, in einem strengen, aber liebevollen Familienumfeld. Diese beiden Hunde waren der Schlüssel für die Faszination Hund.

»In meiner Familie gab es immer eine strenge Mittagsruhe, während welcher nicht gesprochen werden durfte und die unbedingt eingehalten werden musste. Als Kind fiel mir das natürlich besonders schwer. So begann ich, täglich während dieser drei Stunden per Handzeichen mit unseren Boxern zu kommunizieren, da ich ja nicht mit ihnen sprechen durfte. Und es klappte, es entstand Kommunikation. Damals hat es mich unglaublich fasziniert, dass man mit Hunden kommunizieren kann, ohne zu sprechen«, beschreibt Katja Geb-Mann dieses Erlebnis, welches maßgeblichen Einfluss auf ihren heutigen Umgang mit Hunden genommen hat.

Die Faszination Kommunikation ließ sie von da an nicht mehr los. Mit dem Abitur in der Tasche

Die Faszination Kommunikation lässt Katja Geb-Mann bis heute nicht los. Hundehaltern vermittelt sie, welche Art von Kommunikation wie zwischen Mensch und Hund abläuft.

Auch die Kommunikation unter Hunden müssen Hundehalter verstehen.
Katja Geb-Mann setzt sich dafür ein, dass ihre Kunden lernen zu beobachten,
was zwischen Hunden an Kommunikation stattfindet.

studierte sie zunächst jedoch Germanistik, Philosophie und Pädagogik, machte außerdem eine Ausbildung zur Krankenschwester und arbeitete beim Radio.

Die Arbeit mit Hunden entwickelte sich anfangs ganz langsam nebenbei, war aber eher ein Hobby, dem Katja Geb-Mann mit viel Leidenschaft nachging. Mit der Zeit wurde sie auf Spaziergängen immer häufiger angesprochen, und Leute baten sie um einen Ratschlag oder gar um aktive Hilfe bei kleineren oder größeren Erziehungsproblemen.

»Irgendwann waren es so viele Anfragen, dass ich beschloss, in absehbarer Zeit meinen Job als Radiomoderatorin aufzugeben und hauptberuflich mit Hunden zu arbeiten«, erzählt Katja Geb-Mann. Da es aber immer wieder Fälle gab, bei denen sie an ihre Grenzen stieß und das Verhalten eines Tieres und dessen Problem nicht hundertprozentig einordnen konnte, wollte sie sich nicht nur auf Talent und Leidenschaft verlassen, sondern sich zunächst fachlich fundiert weiterbilden.

Dank ihrer kontinuierlichen Suche nach tiertherapeutischen Ausbildungsmöglichkeiten, erfuhr sie schließlich vom Studium der Tierpsychologie an der Akademie für Tiernaturheilkunde ATN in der Schweiz. Durch dieses Fernstudium mit Seminaren vor Ort und ihren inzwischen umfangreichen Erfahrungsschatz fand sie den Mut, ganz eigene Behandlungsstrategien zu erarbeiten, umzusetzen und anzuwenden. Mit Erfolg.

»Mit dem Studium der Tierpsychologie erweiterte ich mein Wissen und machte mich nach erfolgreichem Abschluss als Hundetrainerin selbstständig«, beschreibt die heute 45-Jährige ihren Werdegang. Derzeit lebt sie gemeinsam mit ihrem Mann und ihrer Dogge Luke in Leverkusen, wo sie als Hundetrainerin hauptsächlich mit traumatisierten, misshandelten oder mit solchen Hunden arbeitet, die große Angst- oder Aggressionsprobleme haben.

»Welpen- und Junghunderziehung ist keine Herausforderung«

»Welpen und Junghunde zu erziehen ist ein Klacks, das weiß doch jeder, der mit Hunden arbeitet«, sagt Katja Geb-Mann ganz unverblümt. »Natürlich biete ich auch Welpen- und Junghundkurse an, allerdings maximal fünf Stück im Jahr. Mir bringt diese Arbeit zwar auch Spaß, ich sehe sie jedoch nicht als Herausforderung. Jeder, der über ein bisschen gesun-

den Menschenverstand verfügt, kann einen Welpen erziehen«, sagt sie sehr deutlich.

»Ein klares Nein und eine angebotene Alternative für das Verbot reichen aus, um einem jungen Hund deutlich zu machen, was ich von ihm will. Nagt ein Welpe beispielsweise zu Hause den Tisch an, ziehe ich ihn vom Tisch weg und biete ihm im gleichen Moment alternativ einen Kauknochen an. Schon weiß der Welpe, was ich von ihm will. Im schlimmsten Fall wiederhole ich die Prozedur dreimal, dann hat es aber auch jeder Welpe verstanden«, weiß Katja Geb-Mann aus Erfahrung.

»Welpen zu erziehen ist für mich pure Erholung und Freude, da kann man seiner Kreativität freien Lauf lassen.«

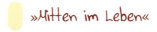

»Mitten im Leben«

»Am Anfang einer jeden Therapie steht bei mir eine fundierte Verhaltensanalyse und die Besprechung der jeweiligen Erziehungssituation. Das bedeutet, dass ich zu Beginn immer einen Hausbesuch mache, mir das Lebensumfeld von Mensch und Hund genau anschaue. Erst danach folgt das individuelle Training«, erzählt die Tierpsychologin.

Katja Geb-Mann hat keinen eingezäunten Hundeplatz – und das hat seinen Grund: »Wer vorrangig auf Hundeplätzen oder im sicheren Rahmen einer Hundeschule trainiert, der zieht Hund und Halter aus dem normalen Leben heraus. Ich trainiere daher von Anfang an im »wirklichen Leben«, wo ich auf Jogger, Radfahrer und andere Hunde treffe«, erklärt sie. »Für viele Hundehalter ist das anfangs sehr

Katja Geb-Mann macht sich vor jedem Training ein genaues Bild von Hund und Halter und deren Lebensumfeld, bevor sie mit ihrer Arbeit am Hund beginnt.

schwer, weil sie Angst haben, dass etwas passiert. Im Nachhinein bestätigen sie mir jedoch immer, dass das gut so war, weil sie eben von Beginn an mit ihrem Hund und mit der Realität umgehen mussten«, berichtet Katja Geb-Mann.

»Lediglich für das Anti-Jagd-Training hätte ich manchmal gern ein großes und eingezäuntes Gebiet. Da ich das aber nicht habe, arbeite ich mit einer hundert Meter langen Schleppleine, um Jagdverhalten auch auf größere Distanzen wirklich provozieren zu können. So kann ich beispielsweise sehr gut herausfinden, ab wann ein Hund wirklich durchstartet. Trotzdem ist er ja durch die Leine abgesichert, es kann also nichts passieren, was den Hund oder andere Tiere gefährden würde. Alles in allem ist das ein realistisches Training unter ebenso realistischen Bedingungen, mit dem ich sehr gute Ergebnisse erziele.«

»Hundeerziehung im kleinen Rahmen«

Katja Geb-Mann hält sich bei ihrer Arbeit mit Menschen und Hunden ganz an das Motto: so wenig Erziehung wie möglich und so viel wie nötig. »Meiner Meinung nach gibt es wenige

Erziehung findet bei Katja Geb-Mann in einem kleinen Rahmen statt.
»Wenn ich mich als Persönlichkeit beim Hundetraining einbringe, brauche ich nicht viel mehr«,
weiß die Hundetrainerin aus Erfahrung.

Dinge, die ein Hund wirklich können muss. Häufig erziehen wir Menschen viel zu sehr an unseren Hunden herum. Akzeptiert der Hund ein deutliches Nein und ist er auch aus schwierigen Situationen abrufbar, dann kann ich ihm guten Gewissens auch viel Freiraum lassen, das zu tun, wonach ihm ist. Kann ich einem Hund durch mein Verhalten dann noch eine gewisse innere Ruhe vermitteln, ist alles gut«, meint Katja Geb-Mann. »Hundeerziehung kann in einem sehr kleinen Rahmen stattfinden, dafür brauche ich nicht viel. Wichtig ist lediglich, dass ich mich als Mensch mit meiner Persönlichkeit einbringe, um bei meinem Hund ein bestimm-

tes Verhalten zu bewirken. Denn wenn der Hund mich als Persönlichkeit wahrnimmt und akzeptiert, wird sich der Rest schon ergeben«, meint die Tiertherapeutin.

Den Grund für dieses Phänomen des »Zu-viel-Erziehens« sieht Katja Geb-Mann in der Angst vieler Menschen begründet, der Hund könne ja außer Kontrolle geraten, aus dem Ruder laufen, unangenehm auffallen oder womöglich noch aggressiv werden. »Hunde sind hoch soziale Wesen, sodass Hundeverhalten nie grundlos in Extreme ausartet. Viele Menschen scheinen aber immer zuerst dieses extreme Negativverhalten vor Augen zu haben, anstatt erst einmal von einer positiven und freundlichen Grundhaltung des Hundes auszugehen. Bis auf wenige Ausnahmen werden Hunde nicht ›einfach so‹ aggressiv oder wirklich gefährlich, dafür sind sie viel zu sozial«, sagt Katja Geb-Mann klipp und klar.

»Leider kommt es immer häufiger vor, dass Menschen ihren Hunden viel zu wenig vertrauen. Daraus folgt in der Regel, dass Hunde präventiv von Dingen ferngehalten werden, die völlig normal sind. Rüden dürfen sich beispielsweise nicht mehr darstellen, dürfen sich nicht mehr hundegerecht verhalten. Und das alles nur, weil

viele Menschen sich viel zu sehr von außen beeinflussen lassen, anstatt auf ihr eigenes Gefühl zu hören«, meint Katja Geb-Mann. »Ein bisschen Intelligenz, Aufmerksamkeit, Beobachtungsgabe und das Wissen, dass Erziehung nicht mit dem erfolgreich absolvierten Junghundekurs beendet ist, sondern ein Leben lang anhält – mehr braucht es nicht, um einen Hund zu erziehen«, beschließt sie ihre Ausführungen zu diesem Punkt.

»Hunden helfen, ein besseres Leben zu führen«

Worin der Sinn und Zweck der Arbeit eines Hundetrainers oder eines Tiertherapeuten besteht,

Zeit ist einer der wichtigsten Faktoren beim Hundetraining, den Katja Geb-Mann sich auch bewusst leistet. »Ich möchte meinen Kunden und deren Hunden zu einem besseren Leben verhelfen. Und das geht nicht auf die Schnelle.«

ist für Katja Geb-Mann klar definiert: »Der Grundgedanke eines jeden Tiertherapeuten oder Hundetrainers sollte sein, dass ich Hunden und/oder anderen Tieren helfen möchte, ein besseres Leben zu führen. Dazu muss ich in meiner Funktion als Hundetrainer allerdings auch eine Vorbildfunktion übernehmen, was beispielsweise bedeutet, dass ich mir eben keinen »einfachen« Rassehund vom Züchter kaufe, sondern eher einen schwierigen Hund zu mir nehme, der sonst keine Chance auf eine Vermittlung hat. Auch meine Dogge ist aus »zweiter Hand« und hatten kaum noch eine Chance, vermittelt zu werden, darum habe ich sie zu mir genommen und habe es bis heute nicht eine Sekunde bereut. Es gibt so unendlich viele Hundeseelen, die in Tierheimen oder an anderen Stellen sitzen und auf ein Zuhause warten. Da sollten wir als Profis doch mit gutem Beispiel vorangehen«, sagt sie deutlich. Hunden zu einem besseren Leben zu verhelfen bedeutet für Katja Geb-Mann außerdem, auf ihre Kunden gründlich einzugehen, um die Mensch-Hund-Beziehung genau analysieren zu können.

»Ich nehme mir immer sehr viel Zeit für jeden einzelnen Ratsuchenden. Ich leiste es mir, meiner Leidenschaft mit viel Energie und vollem Einsatz nachzugehen«, sagt Katja Geb-Mann.

»Ängstliche, aggressive und traumatisierte Hunde im Fokus«

Katja Geb-Mann hat sich darauf spezialisiert, traumatisierten, verstörten oder aggressiven Hunden und ihren meist überforderten Besitzern wieder ein glückliches und verständ-nisvolles Miteinander zu ermöglichen. »Ich habe mich auf diese Hunde spezialisiert, weil da eine so große Bedürftigkeit herrscht. Kein aggressiver Hund ist gern aggressiv, er wird einfach nur nicht verstanden. Selbst wenn er seinen Besitzer beißt oder ihn angeht, dann hat das seinen Grund, versichert Katja Geb-Mann. »Meistens sind solche Hunde nur mit ihrer Führungsposition überfordert und verhalten sich deshalb aggressiv. Sie meinen, sie müssten die Verantwortung für sich und ihren Menschen übernehmen, weil der das nämlich nicht tut«, stellt Katja Geb-Mann klar heraus.

»Das größte Problem ist jedoch, dass viele Menschen häufig die Bedürfnisse ihrer Hunde nicht erkennen. Früher bin ich regelrecht verzweifelt gewesen und manchmal auch wütend geworden, wenn ich gemerkt habe, dass Hundebesitzer manche Dinge einfach nicht umsetzten oder nicht leisten konnten. Inzwischen bin ich da viel entspannter, weil ich akzeptiert habe, dass jeder Mensch, genau wie jeder Hund, eben seine individuelle Grenze hat. Die Anforderungen an mich selbst sind seither höher. Im Rahmen dessen, was der Mensch leisten kann, versuche ich heute, dem jeweiligen Hund zu helfen – einen anderen Weg gibt es ja nicht. Allerdings gab es auch schon Situationen, in denen ich gedacht habe: Der Hund muss hier raus! So hart das auch klingen mag: Es gibt Menschen, da hat ein Hund einfach keine Chance, ein normales Leben zu führen. Er wird in einem solchen Fall schuldlos aggressiv oder gefährlich für andere Hunde, Menschen und die restliche Umwelt. Das macht mich noch heute wütend«, sagt die Tiertherapeutin ganz unmissverständlich.

»klare Aussagen helfen dem Hund«

Für die gebürtige Würzburgerin gibt es im Hundetraining kein »mal hü, mal hott«. Wichtig in der Hundeerziehung sind für sie Authentizität, Souveränität, innere Ruhe und Beherrschtheit, genauso wie ein klares Nein oder ein deutliches »fein gemacht«.

»Vielen Hundebesitzern mangelt es schlicht und einfach an der nötigen Konsequenz. Dazu ein Beispiel: Hundebesitzer schaffen es in der Regel innerhalb kürzester Zeit, dass ihr Welpe stubenrein wird – weil sie das unbedingt wollen, sie sind konsequent. Ganz nebenbei zeigt das, wie schnell ein junger Hund etwas lernen kann, wenn sein Mensch nur konsequent ist. Im Gegenzug dazu schaffen es viele Menschen ein Hundeleben lang nicht, dass ihr Vierbeiner nicht an der Leine zieht. Folgerichtig würde er das An-der-Leine-Gehen natürlich genauso schnell lernen, wenn sein Mensch hier auch so konsequent wäre wie in Sachen Stubenreinheit«, sagt Katja Geb-Mann mit einem Lächeln auf den Lippen.

Ein Leben ohne Hilfsmittel – das wünscht sich auch Katja Geb-Mann für Mensch und Hund und arbeitet beständig auf dieses Ziel zu.

Was Hilfsmittel in der Hundeerziehung betrifft, so schließt Katja Geb-Mann diese nicht kategorisch aus, benennt aber unmissverständlich, was sie im Training benutzt und was nicht. »Hilfsmittel sind etwas, woran ein Hundehalter sich für eine bestimmte Zeit festhalten kann. Nach dieser Zeit muss es dann aber ohne Hilfsmittel klappen. Das mache ich den Leuten von Anfang an klar. Was ich niemals benutze, sind Stachel- oder Stromhalsbänder. Außerdem gibt es für mich auch niemals eine Rechtfertigung, Hunde anzuschreien oder sie zu schlagen. Das ist fatal und hat nichts mit verantwortungsbewusstem Hundetraining zu tun«, sagt sie sehr bestimmt.

»Im Training zum Thema Leinenführigkeit arbeite ich meistens mit einer »Beinleine«. Der Vorteil gegenüber dem häufig praktizierten Leinenruck ist der, dass nicht ich als Mensch an der Leine rucke, sondern dass der Hund sozusagen selbst an der Leine ruckt, wenn er sich nicht meinem Tempo anpasst. Ich rucke also nicht aktiv an der Leine, sondern der Hund trainiert sich vielmehr selbst. Er lernt, wenn ich zu schnell gehe, dann ruckt es! Richtig schlimm finde ich nur, wenn Menschen andauernd an der Leine rucken. Sie verlieren damit ihre Souveränität, ihr Hund nimmt sie einfach nicht mehr ernst«, beschreibt Katja Geb-Mann die Wirkung des unkontrollierten Leinenrucks.

»Jeder Hund verdient ein Dankeschön«

Dass Hunde unser Leben täglich bereichern, ist wunderschön und stellt für Katja Geb-Mann auch eine Begebenheit da, die Anerkennung verdient. »Auch wenn ein Hund bestimmte Dinge bereits wie selbstverständlich macht, sollte man ihn dafür loben. Kaum ein Hund macht nur Probleme. Daher sollte man jeden Hund für die Dinge loben, die er gut macht. Und dabei ist es auch vollkommen egal, ob der Hund »Sitz« machen oder einen Ball wiederbringen kann – jeder Hund verdient ein Dankeschön für das, was er kann. Lob schafft Vertrauen und stärkt die Bindung. Menschen sollten ihren Hunden viel häufiger zeigen, dass sie sich über die Leistung ihres Hundes freuen«, findet Katja Geb-Mann.

Info: Katja Geb-Mann

Katja Geb-Mann, Jahrgang 1965, hat an der Akademie für Tiernaturheilkunde in Wald in der Schweiz studiert und gehört mit ihrer langjährigen Berufserfahrung zu den bekanntesten Tierpsychologen Deutschlands. Sie arbeitet seit vielen Jahren regelmäßig mit Hunden, vorrangig mit traumatisierten Tieren. Durch das Studium und ihren inzwischen umfangreichen Erfahrungsschatz fand sie den Mut, ganz eigene Behandlungsstrategien zu erarbeiten, umzusetzen und anzuwenden. So wurde für Katja Geb-Mann aus einer nebenberuflichen Leidenschaft ihr Hauptberuf. Als Tierpsychologin hat sie das gefunden, wonach sie immer gesucht hat: die Arbeit mit Mensch und Tier. Erfolgreich ist sie außerdem als Buchautorin und als »Tiernanny« im Fernsehen.

Deutschlands Hundetrainer

Michael Grewe

Fragen an Michael Grewe

1. Ihr Name ist?
Michael Grewe.

2. Wie alt sind Sie?
25, immer!

3. Von Beruf sind Sie?
Ich arbeite mit Menschen und deren
Hunden.

4. Aus wem besteht Ihre Familie?
Aus zwei Kindern, meiner Frau und mir.

*5. Welche und wie viele Hunde
besitzen Sie?*
Einen Cattle Dog, einen Terrier, zwei
Mixe und einen Dackel.

6. Welches ist Ihre größte Macke?
Zu viele große Ideen?

*7. Wenn Ihre Hunde Menschen wären,
welche Berufe hätten sie?*
Ich gehe mal von Hartz IV aus.

8. Was für ein Hund wären Sie?
Ich schwanke zwischen apricotfarbenem
Königspudel und rumänischem
Straßenhund (in jedem Falle unka-
striert!).

*9. Welchen Prominenten würden Sie
gern einmal kennenlernen?*
Max Herbrechter!

*10. Wenn Sie König von Deutschland
wären, was würden Sie zuerst tun?*
Mich sofort wieder absetzen!

*11. Was war das Peinlichste, das Ihnen
je passiert ist?*
Meine Kinder sagen, dass ich immer
peinlich bin!

12. Ihr bisher schönster Tag war?
… gleich zweimal da! Die Geburtstage

meiner Kinder waren unglaublich
schöne Momente.

13. Ihr bisher schlimmster Tag war?
Das ist eine zu lange Geschichte!

*14. Wie sind Sie auf den Hund
gekommen?*
Ich wurde als 5-Jähriger von einem
Spitz gebissen, nur, weil ich ihn an der
Rute hochgehoben habe. So was!
Vielleicht war es eine Infektion?

*15. Was schätzen Sie an anderen
Menschen besonders?*
Hirn! (Was ohne Herz aber auch
nichts wert ist!)

16. Was ist Ihr Lieblingsgericht?
Blutiges Steak und als Beilage
trockener Rotwein.

17. Was bringt Sie zum Lachen?
Situationskomik aus dem richtigen
Leben und Menschen, die sich für
schlauer halten, als sie sind.

*18. Was bedeutet für Sie
Lebensqualität?*
Mit sich und der Welt im Reinen
zu sein.

*19. Was wünschen Sie sich für die
Zukunft?*
Siehe: 18. und 16.

20. Wie lautet Ihr Lebensmotto?
Ich habe so etwas nicht! Aber vielleicht:
»Hüte dich vor den Männern, die diese
großen Sportarmbanduhren tragen!«

*21. Was möchten Sie allen
Hundehaltern gern einmal sagen?*
Was nichts bringt, darf man auch
lassen!

Michael Grewe

Persönlichkeit statt Leckerli

 »Leben und Leben lassen«

Ein Besuch bei Michael Grewe in der »Hundeschule Hundeleben« ist stets von einer angenehmen Normalität und menschlichen Wärme begleitet. Auf dem Hof in Bad Bramstedt, lebt der 53-jährige Hundetrainer zusammen mit seiner Frau Bettina, den Kindern Hannah und Nickel sowie den Hunden Jack, Funky, Erik und Jessy. Pferde, Katzen, Hühner, Ziegen und Schafe sind ebenfalls mit von der Partie.

Die eigenen Hunde gehören hier zum alltäglichen Leben dazu, spielen aber weder eine besondere Rolle, noch müssen sie bestimmten Anforderungen gerecht werden – sie begleiten die Menschen, die hier leben. Lediglich Cattle-Dog-Hündin Funky kommt ihrer Pflicht nach und begleitet Michael Grewe täglich bei seinem morgendlichen Spaziergang zum kleinen Fluss. »Die frühen Morgenstunden sind für mich die schönste Zeit des Tages. Da kann ich entspannen und Kraft für den Tag sammeln«, erzählt er.

Von Beginn an dabei und bis heute geblieben ist seine Liebe zu Schleswig-Holstein, dem Land zwischen den Meeren, in dem er auch aufwuchs. Der Beruf des Hundetrainers stand in jungen Jahren noch nicht zur Debatte. »Zunächst machte ich eine Ausbildung zum Polizisten, später studierte ich Biologie in Hamburg. Während meiner Dienstzeit bei der Polizei hatte ich viel mit Diensthunden zu tun und war erfolgreich im Hundesport tätig. Heute distanziere ich mich jedoch deutlich vom Schutzhundesport für jedermann«, resümiert Michael Grewe. Seine Frau Bettina führte schon damals eine Hundepension in Bad Bramstedt, an der er sich bald beteiligte. »Kurz darauf kam es, wie es kommen musste: Ich bekam meinen ersten »Kundenhund«, die Riesenschnauzerhündin Ella. Sie fiel durch allgemeine Zügellosigkeit und Respektlosigkeit auf. Ich half Ellas Besitzerin erfolgreich und ganz aus dem Bauch heraus, die Probleme mit Ella zu lösen, dachte aber zu diesem Zeitpunkt noch nicht daran, dass sich

Zum Beruf des Hundetrainers kam Michael Grewe mehr zufällig als geplant. Er löste die Probleme einer Pensionskundin und sah sich schon kurze Zeit später mit vielen weiteren Anfragen von Menschen konfrontiert, die Probleme mit ihren Hunden hatten.

Für Michael Grewe gehören Hunde einfach zum Leben dazu, spielen aber keine besondere Rolle.

daraus beruflich etwas entwickeln könnte. Da sich so etwas schnell herumspricht, bekam ich schon bald immer mehr Anfragen von Menschen, die Probleme mit ihren Hunden hatten und Hilfe suchten. Der Bedarf war groß«, erinnert sich Michael Grewe.

Die Idee, als Hundetrainer zu arbeiten, nahm mit der Zeit immer deutlicher Gestalt an. Gemeinsam mit seiner Frau Bettina gründete er schließlich 1990 die »Hundeschule Bannes-Grewe«, heute bekannt unter dem Namen »Hundeschule Hundeleben«. Hinter diesem Namen verbarg sich schon damals ein Novum: eine der ersten deutschen Hundepensionen mit Gruppenhaltung und eine Hundeschule, in der ein auf Hund und Halter individuell abgestimmter Unterricht stattfand – auch in dieser Hinsicht die erste Hundeschule Deutschlands mit diesem Angebot. »Die Anfangszeit war für mich und meine Frau nicht einfach. Hundepension, Hundeausbildung, mein damaliges Studium und unser Privatleben mussten irgendwie unter einen Hut gebracht werden«, berichtet Michael Grewe über den turbulenten Beginn seiner Karriere als Hundetrainer.

 »Weniger ist mehr«

Das Geheimnis seiner Arbeit: Weniger ist mehr! Hundetrainer Michael Grewe flüstert nicht mit Hunden, arbeitet nach keiner festgelegten Methode und verfolgt auch keinen unumstößlichen Leitsatz. Mit Menschen und Hunden kommuniziert er klar und deutlich, wobei sein besonderes Augenmerk immer auf dem fairen und individuellen Umgang mit dem Sozialpartner Hund liegt. Authentizität ist das

Stichwort, das die Ausgangsbasis seiner Arbeit mit Menschen und Hunden treffend beschreibt. »Mein Anliegen ist, die Gefühle der Menschen zum Hund zu ordnen. Effekthascherei und Symptombekämpfung liegen mir fern – ich packe bestehende Probleme an der Wurzel und löse sie.« Ganz wichtig ist ihm außerdem, als Hundetrainer nicht zu versuchen, Menschen zu ändern. »Menschen sollen im Rahmen ihrer Möglichkeiten handlungsfähig sein. Es bringt nichts, aus einem Menschen etwas machen zu wollen, was er gar nicht ist.«

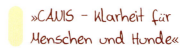 »CANIS – Klarheit für Menschen und Hunde«

Während Michael Grewe sich hauptsächlich um Menschen und deren Hunde kümmerte, besuchte seine Frau Bettina neben ihrer Tätigkeit in der Hundepension kynologische Veranstaltungen und Seminare, um sich fachlich fortzubilden. Auf einer dieser Veranstaltungen lernte sie Erik Zimen kennen und war restlos begeistert. »Ich wollte anfangs nichts mit ihm zu tun haben. Alle pilgerten sie zum berühmten Erik Zimen, dem »Pabst« der Verhaltensbiologie. Da habe ich nicht mitgemacht«, erzählt er über seine anfängliche Distanzierung gegenüber Erik Zimen. »Als ich ihn dann aber auf einer Veranstaltung kennen lernte, stellten wir schnell fest, dass wir die gleichen Anschauungen und Einstellungen teilten.« Es entwickelte sich eine Freundschaft, aus der später die Idee für CANIS entstand, das Zentrum für Kynologie, das im Herbst 2002 gegründet wurde. »Der Grundgedanke war, dass aus der Symbiose unser beider Tätigkeiten ein geschützter Beruf entstehen sollte. Erik Zimen

CANIS bildet Hundetrainer aus, die fachlich versiert und solide ausgebildet sind.

war Verhaltensbiologe, aber eben kein Hundetrainer. Das war mein Part, da ich täglich in der Praxis mit Menschen und Hunden arbeitete. Eine perfekte Kombination, aus der wenig später die »Praktische Woche« entstand, eine Art Lehrgang für Hundebesitzer und alle anderen Menschen, die sich für Hunde interessieren und sich sowohl theoretisch als auch praktisch weiterbilden wollen.«

Herzstück von CANIS ist jedoch das Studium, welches in der Regel nach drei Jahren mit dem Abschluss Hundetrainer/in und Verhaltensberater/in beendet wird. Für die behördliche Anerkennung des Abschlusses setzte ich mich seit Jahren aktiv und mit viel Engagement ein. Erklärtes Ziel ist nicht nur der »CANIS-Absol-

vent«, sondern eine Gruppe von Hundetrainern, die sich individuell entwickelt haben und sich durch Seminare, fachliche Diskussionen und praktische Arbeit eine eigene fundierte Meinung gebildet haben«, erläutert Michael Grewe das Konzept des Kynologiezentrums. CANIS verbindet seither ständig wissenschaftliche Theorie mit der praktischen Arbeit von Mensch und Hund. Im Vordergrund steht dabei die Biologie und Wesensart des Hundes und die Beziehung des Menschen zum Hund. CANIS sollte von Anfang an eine Einrichtung sein, die Hundetrainer fachlich fundiert und in der Praxis solide ausbildet. »Und das haben wir auch geschafft. Heute, 2010, sehen wir die Erfolge deutlich«, sagt Michael Grewe nicht ohne Stolz. Zu diesen Erfolgen gehört vor allem die seit 2008 bestehende behördliche Anerkennung des Berufsbildes, Hundetrainer und Verhaltensberater« durch die Tierärztekammer Schleswig-Holstein, die so genannte Zertifizierung. Die hierfür verbandsunabhängig abzulegende, sehr anspruchsvolle Prüfung hat er gemeinsam mit dem Veterinärmediziner Dr. Pasquale Piturru und der Ethologin Dr. Dorit Feddersen-Petersen erarbeitet.

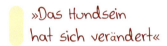

»Das Hundsein hat sich verändert«

Zum Thema Hundeerziehung macht Michael Grewe erst einmal auf die Ausgangssituation aufmerksam. »Bei vielen Hundehaltern herrscht Unklarheit über die soziale Wechselwirkung einerseits und das praktische Handling andererseits. Formale Aspekte wie Sitz, Platz und Fuß werden häufig in den Vordergrund gestellt und ebenso häufig viel zu hoch bewertet. Viele Menschen vergessen dabei, dass Erziehung ein sehr differenzierter, vor allem aber ein sozialer Vorgang ist. Hier geht es um Kommunikation und um Interaktion, also um Beziehung«, bemerkt er. »Erziehung und Beziehung sind nicht voneinander zu trennen. Erziehung ist nicht zu verwechseln mit einer Übungssituation, sie findet Tag für Tag und rund um die Uhr statt.«

Besonderen Wert legt Michael Grewe auf eine direkte und gesunde Beziehung des Menschen zum Hund. »Schwierigkeiten in der Hundeerziehung gab es schon immer, nur entwickelten sich daraus früher keine großen Probleme«, sagt der renommierte Hundetrainer. »Heute sind die Menschen verwirrt durch die andauernde und in sich widersprüchliche öffentliche Diskussionen um Hundeerziehung, haben eventuell den falschen Hundetyp und wissen nicht mehr, was bei all den kursierenden Informationen richtig und was falsch ist. Hunde dürfen sich nicht mehr weh tun und sich nicht mehr dreckig machen. Ein guter Hundebesitzer will heutzutage alles richtig machen, will immer nur das Beste für seinen Hund. In der Realität sieht das dann häufig so aus, dass Hundebesitzer übervorsichtig sind und ihren Hunden nur wenig zutrauen. Damit nehmen sie ihnen jedoch viel von der Möglichkeit, Umweltsituationen zu erleben, um diese in der Zukunft richtig einschätzen zu können«, warnt Michael Grewe. »Die Menschen überlegen heute eher, was ihrem Hund alles passieren könnte, als darüber nachzudenken, welcher Erfahrungen ihr Hund machen müsste, damit er sich in unserer Umwelt zurechtfindet. Auch körperliche Begrenzungen werden kaum noch als normale Begleiterscheinungen eines Hundelebens betrachtet. Das aber ist am wirklichen Leben vorbei gelebt. Diesem Zeitgeist der Erziehung widerspreche ich ganz vehement«, sagt Michael Grewe und begründet auch sofort warum: »Es ist fatal, einem so hoch sozialen Lebewesen wie dem Hund nicht zu sagen, wie es im Leben läuft und wo seine Grenzen sind. Die unbedingte Voraussetzung dafür ist allerdings, dass die Beziehung zwischen Mensch und Hund stimmt. Sowohl Belohnungen als auch Bestrafungen können nur innerhalb eines stabilen Rahmens und einer intakten, und das heißt vertrauensvollen Beziehung überhaupt sinnvoll sein »Wer sich ausschließlich an der Lerntheorie entlanghangelt, lebt an der Beziehung vorbei. Man kann einen Hund natür-

Einen Hund zu erziehen bedeutet nicht, ihm Sitz, Platz und Fuß beizubringen. Wichtiger ist die sozial-inhaltliche Komponente, die heute leider immer wieder in den Hintergrund gerückt wird.

lich rein lerntheoretisch belohnen und bestrafen, allerdings muss man dies dann auch exakt zum richtigen Zeitpunkt tun. Wer sich rein lerntheoretisch mit Belohnung und Bestrafung beschäftigt, dabei aber die Beziehungs- und Gefühlsebene außer acht lässt, der argumentiert am Leben vorbei«, meint Michael Grewe. »Wenn wir Hunden vermitteln wollen, wie sie sich sozial richtig zu verhalten haben, dann müssen wir ihnen das so erklären, dass sie es auch verstehen. Dabei wiederum ist unsere Körpersprache um einiges wichtiger als unsere verbale Kommunikation.«

 »Grenzen müssen sein«

Michael Grewe hat in Sachen Hund viel bewegt, entwickelt und ins Rollen gebracht. Angefangen bei einer speziellen Form der Leinenführigkeit, über das Vermitteln von Inhalten auf einer ganz auf den individuellen Fall und den einzelnen Menschen abgestimmten Ebene, bis hin zur Mitentwicklung des Berufsbildes »Hundetrainer- und Verhaltensberater« in Deutschland. Aufgefallen ist ihm dabei vor allen Dingen eines: »Viele Menschen haben das Gespür dafür verloren zu unterscheiden, was

Dressur und was Erziehung ist: Sitz und Platz beibringen ist Dressur. Zunächst ist es nichts anderes als ein kleines Kunststück. Dieses aber so zu vermitteln, dass der Hund meiner Aufforderung auch unter Ablenkung Folge leistet, es also durchzusetzen, das ist Erziehung«, erläutert er.

Dennoch ist Michael Grewe nicht der »Hardliner«, für den ihn manche halten. »Hunde dürfen ruhig verwöhnt werden, dagegen habe ich nichts. Wenn aber infolge dessen der Hund seine Grenzen nicht erkennt, dann kann das, was der Mensch getan hat, nicht richtig gewesen sein. Grenzen müssen sein und haben nichts mit »böse« oder »brutal« zu tun. Lieb sein und soziale Nähe geben ist vollkommen in Ordnung, wenn man sich nicht darüber hinwegtäuschen lässt, dass ein Hund bestimmte Einschränkungen und auch körperliche Begrenzungen zu akzeptieren hat«, positioniert Michael Grewe sich deutlich. Mit körperlicher Begrenzung ist dabei in keinem Fall unreflektierte Gewalt gemeint, sondern vielmehr eine helfende, körperliche Information. Gewalt und Brutalität seitens des Hundehalters ist für Michael Grewe eindeutig Missbrauch am Hund und damit absolut nicht akzeptabel.

Michael Grewe, der so häufig als »Hardliner« bezeichnet wird, hat nichts dagegen, wenn Hunde verwöhnt und umsorgt werden – solange der Hund seine Grenzen kennt und akzeptiert.

»Individualität von Mensch und Hund im Vordergrund«

»Es ist besonders wichtig, dass sich die Wahl der Mittel in der Hundeerziehung immer am Entwicklungsstand und der genetischen Disposition des Hundes sowie an der Kompetenz des Besitzers orientiert«, bemerkt Michael Grewe zum Thema, als es um die Wahl der Hilfsmittel in der Hundeerziehung geht. »Ein Hilfsmittel ist immer nur ein Mittel zur Hilfe und ersetzt niemals den Menschen.«

Sehr deutlich kritisiert er beispielsweise die emotionale Skala und die damit verbundene Wertigkeit, die Menschen immer wieder anführen, wenn es um Hilfsmittel in der Hundeerziehung geht. »An erster Stelle steht hier meist die Futterbelohnung, gefolgt von Halti, Schelle oder Wurfkette, Sprühreizgeräten und schließlich Telereizgeräten«, benennt er die Hilfsmittel nach ihrer subjektiven Wertigkeit und Akzeptanz vieler Menschen. »Häufig wird jedoch übersehen, dass ein unreflektiertes »lieb und nett sein« genauso fatal in der Auswirkung sein kann, wie eine unangemessene Härte oder Unfreundlichkeit. Dabei ist es seiner Meinung nach nachvollziehbar, dass eine gelegentliche Begrenzung des Hundes genauso zum souveränen Status eines Menschen und zum fairen Umgang mit dem Hund gehört, wie der behutsame und liebevolle Ungang mit ihm. »Ohne ein Bewusstsein für die Grenzen gibt es auch kein Bewusstsein für die Freiräume eines Hundes. Um ebendiese Freiräume zu schaffen und zu sichern, hilft manchmal kein Futter mehr, da geht es ohne ein deutliches Aufzeigen von Grenzen nicht weiter. Außerdem ist die

Michael Grewe setzt auf Persönlichkeit statt Hilfsmittel und schult Menschen darin, diese gezielt einzusetzen.

Frage, was beispielsweise am Halti besser ist als an einem Leinenruck? Mit einem Halti wuselt man dem Hund ständig im Gesicht herum (wenn man in der Handhabung nicht geübt ist oder es unreflektiert tut), und beeinträchtigt damit eine seiner wichtigsten Ausdrucksmöglichkeiten, die Mimik. Der Leinenruck hingegen kann dem Hund eine Orientierungshilfe bieten, die ihm eine (richtige Handhabung vorausgesetzt) schon nach kurzer Zeit klar und deutlich vermittelt, wie und an wem er sich orientieren soll. Damit will ich nur sagen, dass es in der Hundeerziehung und im Hundetraining viele Techniken gibt, die für bestimmte Mensch-Hund-Konstellationen eine große Hilfe sein können. Aber es gibt eben nicht DIE Technik oder DIE Methode, die sich auf alles und jedes anwenden lässt und dabei immer das Nonplusultra ist«, fasst Michael Grewe zusammen. »Festzuhalten bleibt, dass ein klarer Kopf und ein gesunder Menschenverstand für das

Eine Mensch-Hund-Beziehung kann entspannt und zufriedenstellend für Mensch und Hund sein, vorausgesetzt, die Positionen sind geklärt. Ein gesunder Menschenverstand ist hierfür eine wesentliche Voraussetzung.

Zusammenleben und die Arbeit mit Hunden unverzichtbar sind. Ich stehe daher vor allem für Klarheit in der Mensch-Hund-Beziehung. Ein Hund muss wissen, ja, er hat Anspruch darauf wissen zu dürfen, was richtig und was falsch ist.«

»Professionalität von Hundetrainern«

»Wer sich als professioneller Hundetrainer bezeichnet, muss das Fachliche beherrschen – ohne wenn und aber«, benennt Michael Grewe eine der Grundvoraussetzungen professioneller

Arbeit mit Hunden. »Vollkommen inakzeptabel ist es hingegen, wenn Hundetrainer die Lerntheorie gar nicht oder nur zur Hälfte beherrschen.« Aber auch die Praxis muss nach Ansicht von Michael Grewe ohne Kompromisse sitzen. »Durch Schönrederei hilft man Menschen und Hunden nicht weiter, im Gegenteil: Im Bereich der Hundeerziehung gibt es schöne und weniger schöne Momente und beides hat seine Berechtigung, das möchte ich an dieser Stelle unmissverständlich klarstellen«, so Michael Grewe. »Außerdem sollte man auch immer die Realität, das wirkliche Leben, berücksichtigen. Es ist nämlich ein riesengroßer Unterschied, ob

*Gute Lösungen für Menschen und ihre Hunde
finden – das ist es, was Michael Grewe von Hundetrainern erwartet.*

man Hunde trainiert, die im Agility die Kontaktzone übertreten, oder ob man es beispielsweise mit wirklich aggressiven Hunden zu tun hat. Wer immer nur mit »netten« Hunden, der Grunderziehung von Hunden oder Spiel und Beschäftigung zu tun hat, der kommt ja auch fast nie in die Situation, aus menschlicher Sicht körperlich deutlich oder unschön zu reagieren. Es ist definitiv eine andere, verantwortungsvollere Arbeit sich problematischen Hunden zu stellen und sich mit ihnen auseinanderzusetzen.«

»Wünschenswert wäre es bei dieser ganzen Diskussion um Hilfsmittel natürlich, wenn die Menschen, und da klammere ich die Hundetrainer nicht aus, vermehrt auf diese verzichten könnten. Leider schaffen es immer weniger Menschen ohne Hilfsmittel auszukommen, weil sie allein mit ihrer eigenen Person, mit ihrer Körperlichkeit nichts mehr ausrichten können. Ohne Equipment geht oft gar nichts mehr – wie traurig! Das was Menschen für die Hundeerziehung bräuchten, ist ein gesunder, wacher Verstand, das Herz auf dem rechten Fleck und Handlungsfähigkeit. Verfügen sie nicht über diese Eigenschaften, helfen auch Hilfsmittel nicht weiter. Die Menschen dürfen nicht aufhören zu denken und zu fühlen, nur weil sie ein

Hilfsmittel in der Hand haben. Ich setzte bei meiner Arbeit mit Menschen und Hunden daher immer darauf, die Persönlichkeit des Menschen zu schulen. Wäre das nicht möglich, fände ich es nur fair, wenn auch Hunde Hilfsmittel hätten«, kommentiert er diese Diskussion mit einem Augenzwinkern. »Professionell ist am Ende, wer sich aller Mittel fachgerecht und zum richtigen Zeitpunkt bedienen kann, wobei sich Fachlichkeit und Emotionalität nicht trennen lassen«, stellt Michael Grewe klar. Dass das nicht immer so einfach ist, weiß er. »Auch wenn es der einfachere Weg ist: Man kann sich als Hundetrainer aus der Lerntheorie nicht nur die Rosinen rauspicken, die suggerieren, dass man mit Hunden nur nett arbeitet. Lieb und nett geht immer, hilft bei einem beißenden Hund aber nicht weiter«, sagt er. »Über den schönen und unschönen Momenten des Hundetrainings steht immer das Ziel, das es besser wird und Mensch und Hund zukünftig mehr Lebensqualität erlangen.«

»Empathie und Menschlichkeit stehen im Vordergrund«

»Auch wenn ich mich Hundetrainer nenne«, so Michael Grewe, »steht bei meiner Arbeit immer

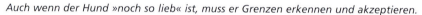

Auch wenn der Hund »noch so lieb« ist, muss er Grenzen erkennen und akzeptieren.

der Mensch im Vordergrund.« Diesem Aspekt kann man seiner Meinung nach gar nicht genug Bedeutung beimessen. Gerade für Menschen und ihre Schwächen hat Michael Grewe viel Verständnis und geht individuell darauf ein, wenn es aus diesem Grund zu Schwierigkeiten mit dem Hund kommt. »Hundetrainer müssen ein gutes und positives Menschenbild haben, ansonsten haben sie ihren Beruf verfehlt«, sagt er unmissverständlich. »Oftmals wird übersehen, dass der Beruf des Hundetrainers ein sehr sozialer Beruf ist. Hundetrainer begleiten Menschen ein Stück ihres Lebens – wie lange auch immer und nicht immer auf einfachen Wegen. Da geht die zu erbringende Leistung weit über das »Hundliche« hinaus.

»Andererseits dürfen Hundetrainer sich auch nicht zu weit aus dem Fenster lehnen und Psychologe oder Psychiater spielen, dafür gibt es andere kompetente Menschen«, bemerkt er. Als ein weiteres Problem sieht er die Anspruchshaltung mancher Hundetrainer. »Ein guter Hundetrainer sollte in der Lage sein, Probleme so zu lösen, so dass sie für den jeweiligen Hund und den dazugehörigen Menschen gleichermaßen lösbar und leistbar sind. Es darf nicht einfach nur darum gehen, eine/die eigene Methode zu vermarkten, das ist fatal. Mal ganz abgesehen davon, dass es auch gar keine allgemeingültige Methode gibt. Methoden sind immer begrenzt. Einzelne Erziehungsmuster hingegen, lassen eigenverantwortliches Handeln zu und geben Menschen Hilfe zur Selbsthilfe, anstatt sie in starre und begrenzte Muster zu pressen. Bedenken sollte man außerdem, dass Hunde seit über 15.000 Jahren mit Menschen zusammenleben – man kann das Rad hinsicht-

lich neuer Erziehungsmuster nicht neu erfinden. In der Hundeerziehung gibt es nichts wirklich Neues, auch wenn manche Hundetrainer genau das propagieren. Bei uns Menschen, auch und gerade bei uns Hundetrainern, sehe ich hier allerdings noch großen Entwicklungsbedarf«, bemerkt Michael Grewe.

»Erziehung ist mehr als nur Nettsein«

Was man in der Kindererziehung mittlerweile erkannt hat, hat sich in der Hundeerziehung nach Meinung des Hundetrainers aus Bad Bramstedt noch immer nicht herumgesprochen. »Erziehung kann niemals nur nett sein und immer nur grenzenlose Freiheit bedeuten. Grundsätzlich sind es drei Techniken, die wir heute in der Hundeerziehung antreffen: Ablenken und Umlenken, Desensibilisierung und Gegenkonditionierung und das Beibringen von Richtig und Falsch. Die ersten beiden Varianten sind aber keine Erziehung, weil der Hund dabei nicht lernt, was er machen soll«, erklärt Michael Grewe. Viele haben ein Problem mit der Vorstellung, dass man ein bisschen Macht braucht, um einen Hund zu erziehen. »Autorität kann durchaus positiv sein und Respekt heißt keinesfalls, dass man sich vor Angst in die Hose macht. Wer mit Respekt ein Problem hat, der kann auch nicht erwarten, dass er selbst ernst genommen wird«, so der Hundetrainer.

Das Problem ist vielmehr, dass viele Menschen sich davor scheuen, Grenzen zu setzen, weil sie befürchten, der Hund würde sie dann nicht mehr mögen. Wo Lebenspartner kommen und gehen, werden Hunde für viele Menschen zum einzigen dauerhaften Bezugspartner. Viele Hundebesitzer befinden sich in einer ständigen Unruhe in Bezug auf ihren Hund. Sie ertragen es nicht, wenn der Hund irgendeine Form von Unzufriedenheit äußert. Sie möchten immer und ohne Unterlass nur das Beste für ihren Hund. Genau das tut Hunden aber nicht unbedingt gut. Die Hunde von heute werden einer-seits unterfordert und im selben Atemzug über-schätzt. Noch nie konnten Hundebesitzer ihren Hunden so viele Angebote machen – und noch nie haben sie ihnen so viel abverlangt«, beschreibt Michael Grewe das Dilemma. »So bekommt der Hund zwar was er will, aber nicht, was er braucht«, ergänzt er. »Hunde brauchen klare Strukturen und einen Menschen, der sich

Zu wissen, wie man sich in einer Gruppe sozial adäquat verhält, ist wichtig und ein unabdingbares Muss, um als Hund in der heutigen Gesellschaft zurechtzukommen.

ihnen gegenüber authentisch darstellt und deutliche Grenzen ziehen kann. Innerhalb dieser Grenzen ist dann wiederum jede Menge Freiraum möglich. Und eines ist ganz sicher: Hunde mögen diese Form der Beziehung und einen souverän auftretenden Menschen mehr als denjenigen, der sich nur hilflos über Futter und Belohnung positioniert«, sagt Michael Grewe.

Die Überzeugung, dass ein Hund, der eine Prüfung bestanden hat, auch automatisch ein gut erzogener Hund sein muss, lässt sich nach Meinung von Michael Grewe leider nicht ausrotten. »Dabei reicht es doch eigentlich aus, wenn sich ein Hund im Alltag so verhält, dass er keine Menschen oder seine Umwelt gefährdet. Wozu muss ein Hund Sitz, Platz und bei Fuß können – und das auch noch auf eine bestimmte Art und Weise? Sekundärtugenden wie diese werden viel zu oft in den Vordergrund gestellt.« Die eigentlich wichtigere und ausschlaggebende soziale Komponente wird in diesem Zusammenhang fatalerweise häufig nachrangig behandelt. »Ich empfehle allen Hundebesitzern, einmal Punks oder Obdachlose und ihre Hunde zu beobachten. Die brauchen keine Dressurkonzepte, waren nie in einer Hundeschule und das Zusammenleben von Menschen und Hunden klappt meist hervorragend – ohne große Worte, viel Geschrei oder Klickertraining. So soll es sein.« Zum Abschluss zeigt Michael Grewe die Grenzen einer Mensch-Hund-Beziehung deutlich auf: »Ein Hund kann niemals ein Mensch sein und ein Mensch wird niemals ein Hund sein. Das sollten wir uns immer wieder bewusst machen und den Hund in seiner Andersartigkeit respektieren.«

»Wir brauchen mittelmäßig veranlagte Familienhunde«

Zum Thema Hundezucht in Deutschland bezieht Michael Grewe eindeutig Stellung. »Die großen Zuchtverbände handeln alles andere als verantwortungsbewusst. Im Vordergrund stehen hübsche Augen, tolle Flecken und bestimmte optische Erscheinungsformen. Statt, aufgrund ihrer Möglichkeiten, etwas in der Zucht zugunsten der Hunde zu verändern,

wird nach Modetrends, sportlicher Gebrauchsfähigkeit und Schönheitsidealen gezüchtet und selektiert. Stattdessen sollten das Wesen und die langfristige Gesundheit der Hunde im Vordergrund der Zucht stehen – und eben nicht das Aussehen.« Mit dieser Meinung steht Michael Grewe nicht alleine da. Bedeutende Kynologen wie Dr. Hellmuth Wachtel oder Dr. Dorit Feddersen-Petersen haben bereits etliche Male versucht, mit den Verbänden ins Gespräch zu kommen – leider vergebens. »Was wir brauchen sind mittelmäßig veranlagte Familienhunde und keine einseitigen Spezialisten wie bestimmte Hüte- oder Jagdhundrassen. Selbst Jäger und Schäfer können mit solch wahnsinnigen Hunden nichts anfangen«, gibt Michael

Grewe zu bedenken. »Außerdem«, so der Hundetrainer weiter, »liegt in solchen Fällen ein züchterischer Missbrauch vor, da die Hunde sich selbst mit ihrem eigenen Verhalten im Weg stehen, beispielsweise durch zwanghaftes Fixieren. Daran schließt sich dann auch gleich das zweite Problem an: der Umgang mit solchen Hunden im Alltag. Gegen genetische Dispositionen kann man nämlich nicht oder nur in sehr begrenztem Rahmen anerziehen.« Auch auf weitere, nicht zu übersehende Folgen des Zuchtwahns weist Michael Grewe hin. »Hunde, die kaum noch laufen, atmen oder ohne fremde Hilfe ihre Welpen auf die Welt bringen können, sind in vielen Zuchtstätten leider an der Tagesordnung. Das muss sich ändern.«

Info: Michael Grewe

Michael Grewe ist Mitbegründer und Inhaber von CANIS – Zentrum für Kynologie. Neben der geschäftlichen Leitung von CANIS arbeitet er als Hundetrainer und Verhaltensberater in der Hundeschule Hundeleben in Bad Bramstedt und bemüht sich hier besonders um problematische und auffällig gewordene Hunde. Seine praktischen Grundlagen stellen die Basis der Ausbildung bei CANIS. Davon abgeleitet entwickelte er neue Lösungsansätze in der Arbeit mit Menschen

und Hunden. Darüber hinaus ist er Autor zahlreicher Fachartikel zum Thema Mensch & Hund und bemüht sich weiterhin um die Professionalisierung des Berufsbildes Hundetrainer & Verhaltensberater. Michael Grewe leitet Workshops und Seminare im In- und Ausland.

Weitere Informationen:
www.hundeschule-hundeleben.de
www.canis-kynos.de
www.hunde-sicht.de

Dr. Renate Jones-Baade

Deutschlands Hundetrainer

Fragen an Dr. Renate Jones-Baade

1. Ihr Name ist?
Renate Jones-Baade.

2. Von Beruf sind Sie?
Tierärztin und
Tierverhaltenstherapeutin.

3. Welche und wie viele Hunde besitzen Sie?
Im Augenblick einen Rottweiler.

4. Welches ist Ihre größte Macke?
Eine Art Gerechtigkeitsfimmel.

5. Wenn Sie König von Deutschland wären, was würden Sie zuerst tun?
Die unsägliche Gesetzgebung bezüglich gefährlicher Hunde ändern.

6. Was war das Peinlichste, das Ihnen je passiert ist?
Zu viel Auswahl, und alles zu lange Geschichten.

7. Wie sind Sie auf den Hund gekommen?
Tierentzug als Kind – daher auch die tragische Berufswahl und alles, was sich weiter daraus entwickelt hat.

8. Was schätzen Sie an anderen Menschen besonders?
Dass sie verschieden sind.

9. Was ist Ihr Lieblingsgericht?
Wechselt.

10. Was bringt Sie zum Lachen?
Die Zufälle im Leben.

11. Was bedeutet für Sie Lebensqualität?
Unabhängigkeit.

12. Was wünschen Sie sich für die Zukunft?
Dass ich weiter neugierig bleibe.

13. Wie lautet Ihr Lebensmotto?
Ich habe keins.

14. Was möchten Sie allen Hundehaltern gern einmal sagen?
Erwartet von Euren Hunden nur das, was Ihr mit ihnen auch ausreichend geübt habt.

Dr. Renate Jones-Baade

Hunde wollen nicht die Welt regieren

»Wenn Tierärztin sein allein nicht mehr ausreicht«

Dr. Renate Jones-Baade wusste schon als 11-Jährige, dass sie Tierärztin werden wollte. Sie studierte in München und promovierte mit einer Arbeit über Verhalten – allerdings ging es dabei noch nicht um Hunde, sondern um Schweine. Aber schon damals war ihr die Bedeutung der Ethologie (Verhaltenskunde) bewusst. Nach Abschluss ihrer tierärztlichen Ausbildung gründete sie ihre eigene Tierarztpraxis in München. 1995 schrieb sie sich an der Universität Southampton für den ersten europäischen Studiengang in Verhaltenstherapie ein, der ein halbes Jahr zuvor ins Leben gerufen worden war.

»Ich beendete dieses Studium 1999 mit dem Abschluss des »Master of Science in Companion Animal Behaviour Counselling«, kurz MSc. CABC. Danach machte mir die rein medizinische Arbeit zunehmend weniger Freude, da es für mich immer deutlicher wurde, dass bei sehr vie-

Der Aufklärungsbedarf in Bezug auf das Verhalten von Hunden war groß, so dass Dr. Renate Jones-Baade sich diesem Teilaspekt besonders widmete. Aufgrund eines tragischen Unfalls war es besonders das Aggressionsverhalten, welches thematisiert wurde.

len Erkrankungen gerade bei Hund und Katze ganz offensichtlich Stress eine wichtige Rolle spielt«, erklärt Dr. Renate Jones-Baade. Aus diesem Grund gab sie ihre Kleintierpraxis, die sie lange Jahre mit viel Leidenschaft und Liebe zum Tier geführt hatte, im Jahr 2000 ab und arbeitet seither ausschließlich als Tierverhaltensthera-

peutin. »Besonders interessierte mich Aggressionsverhalten von Hunden. Daher befasste ich mich während meines Zusatzstudiums im Rahmen einer größeren Arbeit damit besonders ausführlich. Nach Abschluss des Studiums in England erwarb ich schließlich die neu geschaffene Zusatzbezeichnung »Verhaltenstherapie«

der bayerischen Tierärztekammer«, beschreibt Dr. Renate Jones-Baade ihre berufliche Weiterentwicklung.

»Aufgrund eines außerordentlich tragischen Unfalls rückte zu dieser Zeit das Thema Aggressionsverhalten bei Hunden schlagartig in den Mittelpunkt des öffentlichen Interesses. Ganz offensichtlich bestand bezüglich des Verhaltens von Hunden ein großer Aufklärungsbedarf. Aus diesem Grund wurde für Tierärzte ein Ausbildungsgang für Tierverhaltenstherapie konzipiert, an dessen Entwicklung und Durchführung ich maßgeblich beteiligt bin«, berichtet Dr. Renate Jones-Baade.

»Derzeit besteht mein Arbeitsfeld in erster Linie aus Einzeltherapien für Hunde, aber auch Katzen, sowie Seminaren im In- und Ausland für Tierärzte, Tierarzthelferinnen, Hundetrainer, Hundehalter und andere interessierte Menschen. Außerdem schreibe ich gern und habe mehrere Bücher über das Verhalten von Hunden und Katzen verfasst«, beschließt sie die Ausführungen zu ihrer beruflichen Laufbahn.

»Das Einmaleins der Verhaltenstherapie«

Eine Verhaltenstherapie beinhaltet nach Dr. Renate Jones-Baade verschiedene Komponenten. »Erstens: Es muss eine funktionierende Arbeitsbeziehung zwischen Hund und Halter geschaffen werden und eine genaue Bestandsaufnahme erfolgen. Zweitens: Die Gefühle des Hundes müssen geändert werden. In vielen Fällen handelt es sich dabei darum, Ängste abzubauen. Drittens: Der Verhaltenstherapeut muss den Halter lehren, wie der Hund die erwünschten Verhaltensweisen am leichtesten lernen kann. Dadurch gewinnt der Halter zunehmend Kontrolle über den Hund. Ein vierter Punkt darf aber keinesfalls vernachlässigt werden: Jedes Mal, wenn der Hund das unerwünschte Verhalten ausführt, übt er es. Insbesondere bei Aggressionsverhalten ist das nicht ungefährlich«, erklärt die Tierärztin.

Aus diesem Grund sollten also Situationen, in denen das unerwünschte Verhalten ausgelöst wird, von vornherein so weit wie möglich vermieden werden. »Hat der Hund beispielsweise Probleme mit anderen Hunden, rate ich dazu, für den Spaziergang geeignete Wege und Zeiten zu wählen. Viele Hundehalter mit problematischen Hunden haben notgedrungen dafür schon bestimmte Strategien (Krisenmanagement) entwickelt, mit denen sie sich ganz gut über die Runden gerettet haben. Wenn diese Strategien funktionieren und durch sie auch das Verhalten des Hundes nicht weiter verschlechtert wird, empfehle ich, sie so lange beizubehalten, bis die neu trainierten Verhaltensweisen eingesetzt werden können«, beschreibt Dr. Renate Jones-Baade ihre Trainingsform.

In der ersten Konsultation geht es der Verhaltenstherapeutin vor allem um den Aufbau einer funktionierenden Arbeitsbeziehung mit dem Hundehalter und eine Bestandsaufnahme. »Der Weg zum Hund kann ja nur über den Hundehalter führen. Dieser muss dann die wirkliche Arbeit im täglichen Miteinander mit dem Hund durchführen. Von mir bekommt er das Handwerkszeug dazu«, erläutert Dr. Renate Jones-Baade ihre Vorgehensweise.

Ein Therapieplan, der nur auf den Hund zuge-schnitten ist, kann nach Meinung der Tierärztin nicht funktionieren. Die trainingstechnischen Maßnahmen müssen in das Leben von Mensch und Hund passen.

»Damit ein Hundehalter und sein Hund im Training vorankommen und keine Fehler oder Rückschritte machen, müssen die erforderlichen Übungen dem Halter verständlich erklärt, gezeigt und vor allem richtig eingeübt werden. Manchmal stimmt auch das Umfeld nicht. Mein Ziel ist, einerseits möglichst gute Voraussetzungen für das Lernen von Hund und Halter zu schaffen, und andererseits die einzelnen Trainingsschritte so zu gestalten, dass Mensch und Hund sie erfolgreich meistern können«, beschreibt die Hundetrainerin ihre Grundsätze im Umgang mit Menschen und Hunden.

»Gute Verhaltenstherapie ist unspektakulär«

In ihrer verhaltenstherapeutischen Arbeit mit Mensch und Hund legt Dr. Renate Jones-Baade besonders viel Wert auf Lerntheorie. »Ich arbeite grundsätzlich wissenschaftlich fundiert. Bauchgefühl ist zwar sehr schön, reicht aber allein nicht aus, um bei unerwünschtem Verhalten die richtige Diagnose zu stellen oder gezielt neues Verhalten aufzubauen. Lernen beruht auf der Funktion von Sinnesorganen, Gehirn und Nerven, also von Organen. Lernen ist folglich eine biologische Fähigkeit und erfolgt nach mittlerweile intensiv erforschten Regeln. Werden diese Regeln nicht eingehalten, wird Lernen erschwert. Es kommt zu unerwünschten Verknüpfungen und damit häufig

»Machbare Ziele kreieren«

»Ein Therapieplan wird nur dann funktionieren, wenn er für den Halter durchführbar ist. Er muss also einerseits auf die Verhaltensproblematik zugeschnitten sein und andererseits in das Leben des Halters passen. Daher muss er zusammen mit dem Halter entwickelt werden«, berichtet die Hundetherapeutin.

Gute Verhaltenstherapie setzt nicht auf Effekthascherei, sondern geschieht unspektakulär und unauffällig.

zu unerwünschtem Verhalten. Das Erlernen des erwünschten Verhaltens wird unnötig verlängert oder gelingt überhaupt nicht«, erklärt die Hundetrainerin.

»Ich kann meinen Tierbesitzern garantieren, dass sich das Verhalten ihres Hundes auf jeden Fall verbessern wird, wenn sie beim Training ihres Hundes die lerntheoretischen Prinzipien berücksichtigen, vorausgesetzt, das unerwünschte Verhalten beruht nicht auf organischen Ursachen, die nicht änderbar sind«, berichtet sie. Grundsätzlich sollte man von einem Hund nur das erwarten, was man mit ihm zuvor gründlich und ausreichend oft geübt hat.

»Wer mit seinem Hund Rat und Hilfe bei einem Hundetrainer oder einem verhaltenstherapeutisch arbeitenden Tierarzt sucht, dem möchte ich ein ganz entscheidendes Kriterium mit an die Hand geben: Eine wirklich gute Verhaltenstherapie, die fachlich und wissenschaftlich richtig praktiziert wird, ist vollkommen unspektakulär! Unspektakulär deshalb, weil der Hund nur in Situationen gebracht wird, die er in seiner aktuellen Verfassung auch bewältigen kann«, sagt sie unmissverständlich. »Dazu muss der Hund zunächst lernen, sich zuverlässig auf seinen Halter zu konzentrieren. Sobald er das kann, werden die erwünschten Verhaltensweisen sorgfältig aufgebaut. Der Hund wird so zunehmend in die Lage versetzt, seinen Halter als Sicherheitsfaktor anzunehmen. Da-

durch kann er sich dann später auch in Krisensituationen an seinen Halter wenden, sich an ihm orientieren und lernen, neue, erwünschte Verhaltensweisen anstelle der alten, unerwünschten auszuführen«, beschreibt Dr. Renate Jones-Baade.

»Ein Hund jedoch, der immer wieder die Erfahrung macht, dass sein Halter gerade in diesen Situationen »gefährlich« wird, weil er Strafmaßnahmen einsetzt, kann seinen Halter nur sehr schwer als Sicherheitsfaktor empfinden«, warnt die Tierärztin Dr. Renate Jones-

Baade. »Man lernt außerdem am besten, wenn man entspannt und guter Laune ist, sich in einer angenehmen Umgebung befindet und nicht gestört wird, zum Beispiel daheim. Die Trainingssituation und der Trainingsort sind entscheidend für das Gelingen des Trainings. Das gilt für Hunde, die Problemverhalten zeigen, ganz besonders«, betont Dr. Renate Jones-Baade.

»Futter bedeutet Macht und schafft Bindung«

»Der erste Schritt einer erfolgreichen Verhaltenstherapie besteht also darin, dass der Halter Vertrauen und Einfluss über seinen Hund gewinnt. Dazu setzt man so genannte vertrauensbildende Maßnahmen ein, Strategien, die als »Learn to earn« oder »Nichts im Leben ist umsonst« bezeichnet werden. Darunter versteht man, dass der Halter über alles, was der Hund gern haben oder tun möchte, genaue Kontrolle ausübt. Das gilt für Futter und Spielsachen ebenso wie für Zuwendung und Schmuseeinheiten in jeder Form, spielen, an etwas schnüffeln oder frei laufen dürfen. Der Hund erhält Zugang zu diesen so genannten Ressourcen nur, wenn er zuvor erwünschtes Verhalten gezeigt hat. Er macht so im täglichen Leben regelmäßig die Erfahrung, dass sein Halter über alles Lebenswichtige verfügt, und dass ein bestimmtes Verhalten zuverlässig zum Erfolg führt. Dadurch gewinnt der Hund mit der Zeit immer mehr Sicherheit im Umgang mit seinem Halter und der Umwelt«, beschreibt Dr. Renate Jones-Baade den Trainingsverlauf.

»Eine komplette Ressourcenkontrolle ist aber nicht nur für den Hund eine große Lebens-

umstellung, sondern auch für den Halter sehr anstrengend. Ich habe im Lauf der Zeit festgestellt, dass eine komplette Ressourcenkontrolle nicht zwingend erforderlich sein muss. Allein durch die Kontrolle der Ressource Futter kann man meist eine gute Grundlage für die Zusammenarbeit zwischen Mensch und Hund schaffen«, sagt Dr. Renate Jones-Baade.

»Da jeder Hund fressen muss, und jeder Halter seinen Hund jeden Tag füttert, ist es in den meisten Fällen relativ einfach, eine zuverlässige Kontrolle der Ressource Futter einzuführen. Als sehr wirksam hat sich das Füttern aus der Hand erwiesen. Dabei muss sich der Hund für jeden Bissen vor den Halter setzen. Da es jedem Lebewesen angeboren ist, erhebliche Energie für den täglichen Nahrungserwerb aufzuwenden, sind die meisten Hunde normalerweise zur Mitarbeit bereit. Die Wirksamkeit dieser Übung beruht auf der korrekten Anwendung lerntheoretischer Prinzipien und hängt davon ab, dass sie präzise durchgeführt wird. Übrigens bewirkt regelmäßiges Üben nachweislich organische Veränderungen im Gehirn: Die Anzahl der Rezeptoren und Verfügbarkeit von Botenstoffen (Neurotransmitter) verändern sich«, verweist die Tierärztin auf wissenschaftliche Erkenntnisse.
»Durch die ritualisierte Form des Fütterns wird die Beziehung zwischen Halter und Hund umstrukturiert«, sagt Dr. Renate Jones-Baade.

»Weil die Übung über den Tag verteilt insgesamt sehr häufig durchgeführt wird, bewirkt sie zusätzlich, dass sich der Hund nach einiger Zeit immer lieber und immer schneller hinsetzt und sich währenddessen dabei gut und ent-

*Futter ist für Dr. Renate Jones-Baade das ideale Mittel, um mit Hunden zu arbeiten.
Ihre Begründung: Jeder Hund muss fressen!*

spannt fühlt. Dabei wird der Zeitraum, den der Hund auf den einzelnen Futterbissen warten muss, in kleinen Schritten ausgedehnt. Der Hund lernt dadurch, sich mit der Zeit immer besser selbst zu kontrollieren: Seine Frustrationskontrolle verbessert sich. Insgesamt wird so eine gute Grundlage für die weitere Zusammenarbeit geschaffen. Im Allgemeinen dauert das ungefähr zwei bis drei Wochen«, beschreibt Dr. Renate Jones-Baade ihr Trainingsprinzip.

»Neue Verhaltensweisen trainieren und Gefühle ändern«

Mensch-Hund-Probleme beruhen nach Meinung von Dr. Renate Jones-Baade häufig auf einer unzulänglichen Kommunikation und den daraus erwachsenden Missverständnissen zwischen Mensch und Hund. Normales menschliches Verhalten wird von Hunden häufig falsch verstanden, und Menschen interpretieren Hundeverhalten oft nicht richtig. »Außerdem stellen wir an Hunde sehr hohe Anforderungen. Sie sollen in eine Umwelt passen, die auch an uns selbst immer größere Ansprüche stellt. Im Ausgleich dazu wollen viele Hundehalter ihrem Hund dann so viel Freiheit wie möglich bieten. Anstatt sich also beim Spaziergang intensiv mit

Dr. Renate Jones-Baade ist eine vielbeschäftigte Frau: Seminare im In- und Ausland für Tierärzte, Hundehalter, Hundetrainer und andere Interessenten, sind nur ein Baustein ihres abwechslungsreichen Arbeitsfeldes.

ihm zu beschäftigen und ihn auf diese Weise eng an sich zu binden, gestatten viele Halter ihrem Hund, frei und völlig unabhängig eigene Wege zu gehen. Das führt erfahrungsgemäß dazu, dass der Hund seinen Halter draußen immer weniger beachtet. Er sucht sich eigene Beschäftigungsmöglichkeiten und gewöhnt sich nicht selten unerwünschte Verhaltensweisen an wie etwa das Jagen von Joggern, Radlern oder auch Wild«, beschreibt die Tierärztin.

»Um derartige Verhaltensweisen wieder abzutrainieren, reicht ein nettes Wort als Belohnung für Wohlverhalten selten aus, weil alles andere um ein Vielfaches interessanter ist«, stellt Dr. Renate Jones-Baade fest. »Futter ist da einfach ideal. Es ist für den Hund lebenswichtig, und der Halter kann verhältnismäßig leicht lernen, es gezielt und sinnvoll einzusetzen«, sagt die Verhaltenstherapeutin. »Ein Hund, der durch das Füttern aus der Hand daran gewöhnt ist, sich gern und schnell hinzusetzen, lernt anschließend ein entsprechendes Wortsignal sehr leicht«, so Renate Jones-Baade weiter.

»Viele Halter möchten, dass ihr Hund möglichst schnell ein sogenanntes Abbruchsignal lernt, also ein Signal, mit dem sich unerwünschtes Verhalten sofort und auf der Stelle unterbrechen lässt. Davon rate ich aber ab. Es ist erst dann sinnvoll, ein derartiges Signal aufzutrainieren, wenn der Hund ein erwünschtes Verhalten so gut beherrscht, dass er es anstelle des abgebrochenen Verhaltens ausführen kann«, erklärt Dr. Renate Jones-Baade. »Irgendetwas muss er ja tun – er kann sich ja nicht einfach »nicht verhalten«. Aber es gibt nach Dr. Renate Jones-Baade noch mehr zu beachten: »An manchen neuen Verhaltensweisen kann parallel gearbeitet werden, allerdings zeitlich getrennt, nicht während ein und derselben Trainingseinheit. Andere wieder müssen zwingend nacheinander trainiert werden, weil sie aufeinander aufbauen. Man sollte immer nur ein Problem in Angriff nehmen und nicht versuchen, gleichzeitig an mehreren zugleich zu arbeiten. Der Halter muss dabei unterstützt werden, weder sich selbst noch den Hund unter Druck zu setzen. Ich muss auch bei mir selbst immer wieder aktiv darauf achten, weder Hund noch Halter zu überfordern«, gibt sie zu.

»An unerwünschtem Verhalten sind im Allgemeinen einerseits mangelhaftes Training von erwünschten Verhaltensweisen beteiligt und andererseits Emotionen wie Angst, Aggression und Frustration. Eine elegante Therapiemöglichkeit bei Angst und Aggression bietet die Gegenkonditionierung. Dabei wird der Angst- und/oder Aggressionsauslöser zu einer zuver-

lässigen Ankündigung von etwas Gutem umgewandelt. In der Folge löst er dann angenehme Gefühle aus, wodurch die angstbedingte und/ oder aggressive Reaktion entfällt. In manchen Fällen kann eine Gegenkonditionierung ohne weitere Trainingsmaßnahmen durchgeführt werden. Meist ist es jedoch nötig, zunächst wünschenswerte Verhaltensweisen ausreichend gut aufzubauen, bevor man gezielt Krisensituationen aufsucht. Auch erforderliche Hilfsmittel wie beispielsweise ein Maulkorb oder ein Kopfhalfter sollten meiner Meinung nach erst sorgfältig auftrainiert werden. Nur dann ist sichergestellt, dass der Halter sie dem Hund leicht anlegen kann und dass dieser sie gern und ohne Beeinträchtigung seines Wohlbefindens trägt«, erklärt Dr. Jones-Baade.

»Positive Strafen sind fatal«

Eine besonders eindeutige und unmissverständliche Meinung hat Dr. Renate Jones-Baade zu der Verwendung von positiven Strafen im Hundetraining und erläutert die dazu gehörenden wissenschaftlichen Grundlagen: »In der Lerntheorie unterscheidet man zwischen positiver und negativer Strafe. Unter einer positiven Strafe versteht man, dass dem Hund etwas Unangenehmes zugefügt wird. Mit einer negativen Strafe ist gemeint, dass dem Hund etwas Angenehmes entzogen wird wie Zuwendung oder eine Belohnung, sei es ein Spielzeug oder ein Futterhäppchen. Das Problem ist nun, dass es außerordentlich schwer ist, im täglichen Leben die durchaus üblichen positiven Strafen wie Schimpfen, Leinenruck, Anschreien und Ähnliches korrekt anzuwenden. Wenn positive Strafen jedoch nicht korrekt angewendet wer-

Positive Strafen dürfen nur dann eingesetzt werden, wenn der Hund bereits gelernt hat, was er machen soll.

den, erfolgen nicht nur unerwünschte Assoziationen. Es kommt auch zu Angst und Stress, und beides beeinträchtigt oder verhindert nachhaltiges Lernen. Die Abspeicherung im Langzeitgedächtnis erfolgt nicht, und auch der Zugang zu schon Erlerntem wird verhindert. Menschen, die unter Prüfungsangst leiden, kennen diesen Zustand nur zu gut. Ich möchte eindeutig klarstellen: Ich sage nicht, dass Strafen nicht wirken. Wenn sie richtig eingesetzt werden, wirken sie durchaus«, räumt Dr. Jones-Baade ein.

»An den Einsatz positiver Strafen sollte man jedoch frühestens dann denken, wenn man mit dem Hund erwünschtes Verhalten so gut trainiert hat, dass er es auch wirklich beherrscht. Positive Strafen einzusetzen, wenn der Hund das Gewünschte noch gar nicht kann, ist unangebracht. Dadurch verschlechtert sich sogar in der Regel das Verhalten noch weiter. Zusätzlich wird zudem in vielen Fällen das Vertrauensverhältnis zwischen Halter und Hund beschädigt. Aus diesem Grund vermeide ich positive Strafen grundsätzlich. Leider sind positive Strafen in unserer Gesellschaft fest etabliert – die meisten von uns, auch ich selbst, sind mit derartigen Methoden erzogen worden. Im Hundetraining ist der Einsatz positiver Strafen grundsätzlich üblich und wird in der entspre-

chenden Literatur empfohlen. Ich selbst habe sowohl im Umgang mit Menschen wie auch mit Hunden früher ebenfalls ganz selbstverständlich damit gearbeitet. Erst im Rahmen meiner Zusatzausbildung sind mir die Nachteile wirklich bewusst geworden«, erläutert sie.

»Eine positive Strafe wirkt nur unter den folgenden Voraussetzungen: Sie muss erstens zum richtigen Zeitpunkt erfolgen. Das sollte möglichst zu Beginn des unerwünschten Verhaltens sein. Zweitens muss sichergestellt sein, dass der Hund die positive Strafe ausschließlich mit dem unerwünschten Verhalten verknüpft und mit nichts anderem wie dem Ort, zufällig

anwesenden Menschen oder Hunden, Gerüchen usw. Drittens muss die positive Strafe so stark sein, dass sie das unerwünschte Verhalten auf der Stelle beendet. Sie muss daher individuell dem Wesen des Hundes und der jeweiligen Situation angepasst werden. Bei einem sensiblen Hund muss man also von vornherein insgesamt sanfter vorgehen, und bei hoher Motivation ist eine stärkere Strafe erforderlich als bei geringer Motivation. Wenn die Intensität einer positiven Strafe zu gering ist, wirkt sie nicht. Eine zu starke Strafe wiederum schädigt den Hund. Viertens muss das unerwünschte Verhalten jedes Mal bestraft werden. Wenn eine Bestrafung nur manchmal erfolgt, kann der Hund nur sehr viel schwerer oder überhaupt nicht lernen, was genau er nicht tun soll«, erklärt Dr. Renate Jones-Baade und fügt hinzu: »Ich persönlich halte es für unmöglich, zuverlässig die für eine positive Strafe erforderlichen Kriterien im täglichen Leben einzuhalten. Wer kann schon einen Hund 24 Stunden am Tag sieben Tage in der Woche im richtigen Augenblick, jedes Mal und mit der richtigen Stärke bestrafen«, fragt Dr. Renate Jones-Baade. »Ich habe mich daher ganz bewusst dafür entschieden, keine positiven Strafen anzuwenden. Das bedeutet jedoch nicht, dass ich auf Sanktionen verzichten muss. Die Wirkung von negativen Strafen, also der Entzug von etwas Angenehmem, sollte nicht unterschätzt werden. In der Hirnforschung wird mittlerweile sogar diskutiert, ob die dadurch ausgelösten

unangenehmen Gefühle nicht ebenso intensiv sind«, berichtet die Tierärztin.

»Negative Strafen haben den ungeheuren Vorteil, dass es viel leichter ist, sie fehlerfrei anzuwenden. Es ist daher selbstverständlich ebenfalls leichter, den Hundehalter zu trainieren, sie richtig durchzuführen. Außerdem schädigen negative Strafen die Beziehung zwischen Hund und Halter normalerweise nicht. Im Gegenteil, der Halter wird attraktiver für den Hund, wenn er etwas hat, das der Hund unbedingt haben möchte, sei es Futter, ein Spielzeug, oder die Erlaubnis, etwas Nettes zu tun! Ich weiß aus Erfahrung, dass diese Art der Zusammenarbeit Hund und Halter im Allgemeinen Spaß macht und bei Verhaltensproblemen zum Erfolg führt«, sagt Dr. Renate Jones-Baade.

Info: Dr. Renate Jones-Baade

Dr. med. vet. Renate Jones-Baade hat nach fast 20 Jahren ihre Kleintierpraxis in München abgegeben, um sich nach Abschluss eines Zusatzstudiums in England (MSc in »Companion Animal Behavior Counselling«) ausschließlich der Tierverhaltenstherapie zu widmen. Sie führt die Zusatzbezeichnung »Verhaltenstherapie« der Bayerischen Tierärztekammer und ist Vollmitglied der APBC (Association of Pet Behaviour Counsellors) in England. Sie war maßgeblich an der Entwicklung eines

Modulsystems für Verhaltenstherapie für Tierärzte beteiligt und ist außerdem Autorin diverser Bücher über Verhalten und Verhaltenstherapie bei Hunden und Katzen. Derzeit beschäftigt sie sich hauptsächlich mit der Einzeltherapie von Hunden, hält Seminare im In- und Ausland für Tierärzte, Tierarzthelferinnen, Hundetrainer, Hundehalter und andere Interessenten und war 2001 an einer Dokumentation über Verhaltenstherapie bei Hunden (Arte und BR) beteiligt.

Deutschlands Hundetrainer

Oli Köppel

Fragen an Uli Köppel

1. Ihr Name ist?
Fauler Hund, laut meiner Frau …

2. Wie alt sind Sie?
Ziemlich.

3. Von Beruf sind Sie?
Ich hab mal was studiert …

4. Aus wem besteht Ihre Familie?
Aus ein paar Pfoten, Beinen und Hufen …

5. Welche und wie viele Hunde besitzen Sie?
Einen Hovawart.

6. Welches ist Ihre größte Macke?
Fragen Sie da lieber meine Frau …

7. Wenn Ihre Hunde Menschen wären, welche Berufe hätten sie?
Hundetrainer …

8. Was für ein Hund wären Sie?
Wie gesagt, ein fauler …

9. Welchen Prominenten würden Sie gern einmal kennenlernen?
Reinhard Mey.

10. Wenn Sie König von Deutschland wären, was würden Sie zuerst tun?
Läufige Hündinnen in die Hundeszene lassen …

11. Was war das Peinlichste, das Ihnen je passiert ist?
Mein Hund hat »Sitz« gemacht, als ich das zu ihm gesagt habe …

12. Ihr bisher schönster Tag war?
Der, an dem meine Frau von Badewanne und Dusche zu mir gesprochen hat …

13. Ihr bisher schlimmster Tag war?
Als ich feststellte, dass die Erde doch eine Scheibe ist, jedenfalls nach zeitgenössischer Hundeszene …

14. Wie sind Sie auf den Hund gekommen?
Er kam zu mir, bin damit aufgewachsen …

15. Was schätzen Sie an anderen Menschen besonders?
Wenn sie einen gut erzogenen Hund haben, der auch das sein darf, was er ist: ein Hund!

16. Was ist Ihr Lieblingsgericht?
Jever …

17. Was bringt Sie zum Lachen?
Die sogenannte »moderne Hundeszene«, ansonsten meine Frau und Woody Allen …

18. Was bedeutet für Sie Lebensqualität?
24 Stunden mit der Natur eins sein …

19. Was wünschen Sie sich für die Zukunft?
Mutter Erde viel Glück …

20. Wie lautet Ihr Lebensmotto?
Es gibt Tage, da wünschte ich, ich wäre ein Hund …

21. Was möchten Sie allen Hundehaltern gern einmal sagen?
Dass sie ein Raubtier an der Leine haben …

Uli Köppel

Eine Ausbildung ist nichts, eine artgerechte Er- und Beziehung ist alles

»Am Anfang steht das Verständnis«

Auf einem Großbauernhof an der tschechischen Grenze aufgewachsen, bestimmten Tiere aller Art schon früh das Leben des Kynologen und Hundetrainers Uli Köppel. Bereits seinen ersten eigenen Hund erzog er so, wie Hunde es untereinander tun. Er hatte sie genau beobach-

tet und übertrug ihr erzieherisches Verhalten auf die Mensch-Hund-Situation. Bei seinem Freund und Mentor Eberhardt Trumler lernte er das, was ihn heute auszeichnet und in der Hundewelt so einzigartig macht: Uli Köppel erreicht den Hund da, wo der Ursprung alles Lebens beginnt: In der Seele.

»Hunde sind Beutegreifer. Um ein harmonisches Für- und Miteinander zwischen Mensch und Hund zu erreichen, muss ein Hundebesitzer lernen, wie ein Hund zu fühlen, zu denken und zu handeln«, macht Uli Köppel gleich zu Beginn deutlich.

»Früher betrachteten sich die Menschen als einen Teil der Natur. Sie respektierten diese und

Uli Köppel sieht Hunde als das, was sie sind: als Beutegreifer.

Gefühl und Verstand des Menschen erreichen, damit dieser versteht, worauf es bei der Hundeerziehung an-kommt –
das ist das erklärte Ziel von Uli Köppel.

holten sich sogar Rat bei ihr, auch bei den Tieren. Das ist bei einigen Völkern auch jetzt noch so. Heute sind dieses Einfühlungsvermögen und der Respekt vor anderen Lebewesen in unserem Kulturkreis größtenteils verlorengegangen. Auch in Bezug auf den Hund fehlt vielen Menschen heute das gesunde »Bauchgefühl«. Sie orientieren sich bei der Hundeerziehung an technischen Hilfsmitteln aller Art und vergessen dabei, was ein Hund ist: Er ist ein hoch soziales Lebewesen und kein Gebrauchsgegenstand, den man bei Nichtgefallen entsorgen kann«, sagt der Hundetrainer ruhig, aber bestimmt.

Die Arbeit von Uli Köppel setzt somit dort an, wo der Grundstein für eine intakte Mensch-Hund-Beziehung zu suchen ist – bei der Kommunikation. »Der Hund muss erkennen, dass wir Menschen seine Sprache und seine Bedürfnisse verstehen und dass er bei uns zweibeinigen und artfremden Sozialpartnern gut aufgehoben ist«, beschreibt Uli Köppel die Ausgangsbasis seiner Beziehungsarbeit.

»Das Handwerk der Natur verstehen«

Was hält ein Rudel zusammen und warum können sich alle aufeinander verlassen? Was hat es mit der sprichwörtlichen »unverbrüchlichen Treue des Hundes zu seinem Menschen« auf sich? Warum können weder moderne Hilfsmittel noch Hundeerziehungstrends das leisten, was Mutter Natur auf wunderbare Weise tut? Uli Köppel klärt diese Fragen und es wird schnell nachvollziehbar, warum nur mit einer intakten Mensch-Hund-Beziehung das Zusammenleben mit dem Vierbeiner so harmonisch

klappt, wie es sich alle Beteiligten wünschen – allen voran der Hund!

»Das Vorbild der Natur, also die »Kultur des Hundes« zu verstehen und auf artgerechte Weise umzusetzen, darum geht es mir. Die Menschen sollen verstehen, wie das Zusammenleben im Rudel in einem natürlichen Umfeld abläuft. Nur so können sie auch wirklich und nachhaltig verstehen, wie die »zwischenhündischen« Beziehungen in der Natur angelegt sind«, erklärt er. Mein Ziel ist es, dass das Erziehungskonzept nach natürlichem Vorbild da ankommt, wo es wichtig ist: im Verstand und im Gefühl des Menschen, die einen Hund zu sich holen. Denn nur, wenn Kopf und Bauch Hand in Hand im Sinne des Hundes zu Werke gehen, ist der Mensch für seinen Vierbeiner authentisch und auf dem besten Wege, die Basis für eine erfüllte, vertrauensvolle Beziehung zu seinem Hund zu schaffen«, sagt Uli Köppel aus voller Überzeugung.

»Erziehungstraining nach dem Rudelkonzept«

Dass es so viele unerzogene, überambitionierte und gefährliche Hunde gibt, wundert Uli Köppel keineswegs: »Hundebesitzer wollen ihrem Hund natürlich nur Gutes tun, machen dabei aber nicht selten Fehler über Fehler. Hunde werden per Instrumentalisierung verdummt, vermenschlicht, verniedlicht, verharmlost und verzogen. Nur eines werden sie nicht: wie ein Hund behandelt.«

Bei seiner artgerechten Hundeerziehung setzt Uli Köppel nicht auf eine »klassische« Aus-

Das »Erzieherische Spiel« ist einer der Eckpfeiler von Uli Köppels artgerechter Hundeerziehung.

chen nicht mehr begnügen und uns als Raubtier gegenübertreten, um den Status zu klären. Und wie das enden kann, wissen wir: Beißattacken, unkontrollierbare Hunde und überforderte Besitzer skizzieren häufig das Bild der heutigen Hundewelt«, gibt der Hundefachmann mit ernster Miene zu bedenken.

»Das Rudel eines Haus- und Familienhundes ist heute die Familie bzw. die menschliche Lebensgemeinschaft. Und hier müssen Spielregeln eingehalten werden. Das gilt für alle Familienmitglieder, auch für den Hund. Inkonsequenz und antiautoritäre Erziehung sind dem Hund fremd. Erweist sich der Mensch, aus welchen Gründen auch immer, nicht als wahrer Chef, verliert er seine vorrangige Stellung. Der Hund, der kein Leittier und keine klaren Grenzen erkennen kann, muss selbst die Führung übernehmen. Und dieses Verhalten des Hundes ist in keinem Fall aggressiv oder unverschämt, es liegt in seiner Natur. Die Übernahme der Führung ist für ihn eine absolut folgerichtige Handlung«, erläutert Uli Köppel solche Abläufe.

bildung, sondern auf eine emotionale Beziehung, die auf den vier Grundelementen der innerartlichen Erziehung in einem Hunderudel basiert: Erzieherisches Spiel, artgerechte Disziplinierung, Tabuisierung und wohlwollende Konsequenz heißen diese vier Komponenten, die dem Hund signalisieren, dass wir ihn verstehen und angemessen mit ihm kommunizieren können.

»Ist der Hund noch jung, wird er mit einem kleinen Statustest beginnen, um unsere Qualitäten als Rudelchef auf die Probe zu stellen. Ein erwachsener Hund wird sich mit solchen Spiel-

> »Hunde brauchen klare Strukturen aber keinen Despotismus«

»Wie alle höheren Lebewesen brauchen Hunde eine klare Struktur in ihrem Familienverbund, die niemals despotisch aufgebaut ist, sondern immer auf Erfahrung, Reife und Konsequenz beruht«, beschreibt der gebürtige Bayer die Basis aller Beziehungsarbeit.

Bereits Welpen lernen nach Uli Köppels Erziehungskonzept auf einem ganz natürlichen Weg, wo ihre Grenzen sind und was tabu ist.

»Im hündischen Erziehungsprogramm steht die wohlwollende Konsequenz an erster Stelle. Wohlwollend deshalb, weil die Intention nicht die Machterhaltung eines Rudeloberhauptes ist, sondern das Wohlergehen des gesamten Rudels. Darauf folgt die artgerechte Disziplinierung. Hat ein junger Hund beispielsweise eine Regel missachtet, so wird er von älteren Tieren diszipliniert und so wieder in den Rudelverband eingeordnet. An dritter Stelle folgt die Tabuisierung, die in einem Rudel überlebenswichtig sein kann. Hunde sind in neunzig Prozent des Lebens auf soziales Lernen angewiesen, das heißt darauf, dass ihnen erfahrene Rudelmitglieder zeigen, was Tabu ist, weil es

zum Beispiel gefährlich ist, und was nicht«, fährt Uli Köppel fort.

»Beschwichtigungsgesten und was sie wirklich bedeuten«

Mit Halbweisheiten und Irrtümern rund um den Hund räumt Uli Köppel radikal auf. Einer davon sind die weit verbreiteten und ebenfalls viel diskutierten Beschwichtigungsgesten, die sogenannten »Calming Signals«.

»Die Deutung dieser Gesten beruht durchweg auf massiven Fehlinterpretationen«, sagt Uli Köppel ohne Umschweife. »Nehmen wir bei-

Unumstößliche Dogmen oder Erziehungsgrundsätze in der Hundewelt gibt es für Uli Köppel nicht. Er benennt Missstände und prangert gängige Lehrmeinungen offen und direkt an.

spielsweise das Gähnen. Es wird immer wieder als Beschwichtigungsgeste bezeichnet, obwohl es verhaltensbiologisch einen dipolaren Denkvorgang des Hundes kennzeichnet, das heißt einen Denkvorgang, bei dem zwei unterschiedliche Intentionen aufeinanderstoßen. Die

Spannung dieser inneren Gegensätze löst der Hund durch Gähnen auf und zeigt dies auch gleichzeitig so seiner Umwelt. Unterbinden Sie beispielsweise eine Handlung Ihres Hundes durch ein »Aus«, können Sie häufig beobachten, dass Ihr Hund zwar von seinem Vorhaben ablässt, aber plötzlich zu gähnen beginnt. Dies tut er, weil er seine Tätigkeit eigentlich gern weiter fortführen würde, sich aber Ihrer Aufforderung beugt. Das Gähnen signalisiert also lediglich, dass Ihr Hund eigentlich lieber etwas anderes machen würde als das, was Sie von ihm verlangen«, klärt Uli Köppel diese Fehlinterpretation auf.

Heiß diskutiert und von vielen Hundeexperten stark kritisiert ist Uli Köppels Disziplinierungsmaßnahme des Nackenschüttelns. Hintergrund ist, dass das Nackenschütteln immer wieder als »Totschütteln« interpretiert wird, da Hunde kleinere Beutetiere, so die Köppel-Kritiker, auf diese Weise töten.

»Diese Behauptung lässt sich allerdings leicht widerlegen, wenn man einmal genauer hinschaut«, kommentiert Uli Köppel diese Attacken. »Das Nackenschütteln dient nämlich nicht dazu, das Beutetier zu töten, sondern dazu, die Gefahr zu minimieren, von einem noch lebenden Beutetier gebissen, also verletzt zu werden«, klärt er dieses Missverständnis auf. »Im Rudel gibt es das Nackenschütteln als Disziplinierungsmaßnahme jedoch in mehreren Ausführungen, immer dem jeweiligen »Vergehen« des Verursachers angepasst. Das kann ein schneller Schnauzenstoß in Richtung Nacken sein, oder auch ein »Auf-den-Rücken-Werfen«. Aus verhaltensbiologischer Sicht ist das kurze Nackenschütteln also durchaus eine artgerechte und unverzichtbare Disziplinierungsnahme«, sagt Uli Köppel.
Wie diese Disziplinierungsmaßnahe durch uns Menschen aussehen sollte, beschreibt der Hundetrainer folgendermaßen: »Tut Ihr Hund

etwas Verbotenes, kaut er also beispielsweise auf dem Lieblingsteddy Ihrer Tochter herum, so gehen Sie direkt zu ihm hin, nehmen ihm das Corpus delicti aus dem Maul, packen ihn an seinem Nackenfell und schütteln ihn einige Male hin und her. Dabei sagen Sie »Aus«, »Pfui« oder was Sie sonst als Tabuisierungswort benutzen. Dabei geht es nicht darum, den Hund beim Nackenschütteln hoch in die Luft zu heben oder ihn durch die Gegend zu schleudern. Die vier Pfoten Ihres Hundes sollten den Boden bei dieser Disziplinierungsmaßnahme nicht verlassen. Selbstverständlich sollte sein, dass man diese Maßnahme nur dann ausprobiert, wenn die Beziehung zum eigenen Hund geklärt ist. Fühlt der Hund sich als »Chef« und handelt es sich bei ihm um einen ausgewachsenen Herdenschutzhund, darf man das Nackenschütteln auf keinen Fall unreflektiert anwenden.«

 ## »Hunde können denken«

Immer wieder wird leidenschaftlich diskutiert, ob Hunde denken können. Uli Köppel stellt sich diese Frage nicht: »Natürlich können Hunde denken. Dazu ein Beispiel: Häufig werde ich gefragt, wie man eigentlich reagieren sollte, wenn ein Hund von der Jagd oder vom Streunen zurückkommt. Die landläufige Meinung ist, dass der Hund ja schon nicht mehr weiß, wofür man ihn bestraft, daher also besser nicht bestraft, sondern gelobt werden sollte. Eine fatale Fehleinschätzung. In einer Hundesippe würde ein solcher Streuner von allen Gruppenmitgliedern verprügelt werden und nicht mit einem ›Schön, dass du wieder da bist‹, begrüßt werden. Warum das so ist? Weil der Streuner weiß, dass er einen großen Fehler gemacht hat.

Geht ein Hund »eigene Wege« und kommt danach zurück, ist ihm der Missmut seiner Rudelkollegen (wenn er denn welche hat) sicher. Menschen sollten im Falle eines »Alleingangs« ihres Hundes ähnlich reagieren.

In einer Hundegruppe herrscht ein strenges, aber gerechtes hierarchisches System. Alles ist perfekt durchstrukturiert, die Rollen sind klar verteilt. Alle haben ihren Platz und müssen ihn gewissenhaft und zuverlässig erfüllen, damit die Gemeinschaft funktioniert. Folglich ist diese Verantwortung, rund um die Uhr für das Rudel da zu sein, in unseren Hunden vorhanden. Geht ein Hund also ›eigene Wege‹, so lässt er den Rest des Rudels im Stich, gefährdet es sogar massiv. Dafür wird er bestraft, und das weiß er, weil ihm bewusst ist, dass er sich falsch verhalten hat«, sagt Uli Köppel.

Zurück zur Fähigkeit zu denken. »Wenn eine Spezies wie die der Hunde ein so hoch entwickeltes Sozialverhalten hat, dann muss als Grundlage daher ein abstraktes und peripheres Denken vorhanden sein«, betont er. »Infolgedessen wissen Hunde auch, was sie getan haben, und haben deshalb auch ein »schlechtes Gewissen«. Wenn ein Hund also von einem längeren Jagdausflug zurückkommt, sollte er ausgiebig gemaßregelt und diszipliniert werden. Denn nur dann weiß er, dass Sie der wirkliche Chef sind«, begründet Uli Köppel seine Aussage.

Zum Wohle der Hunde ist Uli Köppel kompromisslos und lehrt das auch den Menschen, die zu ihm kommen.

»Hunde sind keine besseren Menschen«

»Es ist sicherlich richtig, dass das Sozialverhalten des Menschen und das des Hundes viele Gemeinsamkeiten haben. Auf der anderen Seite gibt es natürlich auch eindeutig artspezifische Unterschiede, die sich nicht nur im Fell, den vier Beinen oder der Rute äußern«, sagt Uli Köppel. Die Unterschiede zwischen Mensch und Hund sind seiner Meinung nach in erster Linie psychischer Natur. »Wer das übersieht und den Hund wie einen ›Ersatzmenschen‹ auf vier

Beinen behandelt, der sollte sich schnellstens einen guten Psychiater oder Psychologen suchen und seine Hände ganz und gar von Hunden und allen anderen Tieren lassen«, gibt er unmissverständlich zu verstehen.

»Kompromisslos zum Wohle der Hunde«

Wer sich als Hundehalter für ein Seminar oder eine Trainingsstunde bei Uli Köppel entscheidet, wird hinterher an einem Scheideweg stehen. Die Be- und Erziehungsarbeit des Rudelkonzeptes beschreitet Pfade, die sich mit

anderen Ausbildungswegen nicht vereinbaren lassen. Erst wenn die Beziehung zwischen Mensch und Hund stimmt, denkt Uli Köppel über weitere Schritte wie Ausbildung oder Training für irgendetwas Anderes nach.

»Zum Wohle der Hunde bin ich kompromisslos, da kenne ich kein Wenn und Aber«, sagt er nachdrücklich. Uli Köppel ist jemand, der sich

nicht in den Vordergrund drängt, oder der durch ständige Auftritte in den Medien sein Image polieren muss. Mit seiner ruhigen und besonnen Art hilft er den Menschen, sich der Seele ihres Hundes ein Stückchen zu nähern. Mit seiner radikalen Einstellung, dass neunzig Prozent der heutigen Hundeerziehungsmethoden schlichtweg falsch sind, weil sie den Hund instrumentalisieren anstatt ihn in seiner

Wesensart als Hund zu begreifen, stellt Uli Köppel einem großen Teil der deutschen Hundewelt ein Armutszeugnis aus.

»Wenn wir Menschen unsere Hunde so behandeln, dass sie uns verstehen, werden sie mit uns als Freund und Partner und nicht als Problemfall durch unser Leben gehen. Und vor allen Dingen sind sie dann das, was wir uns wünschen: rund- und hundherum glücklich«, beschließt Uli Köppel seine Ausführungen.

Info: Uli Köppel

Uli Köppel, Jahrgang 1957, ist anders, ungewöhnlich und beeindruckend nah am Hund. Mit seinem »Rudelkonzept« zeigt er, dass Beziehungstraining viel mehr ist als eine Ansammlung von Methoden und Techniken, um einen Hund zu dressieren. Dank seines außergewöhnlichen Einfühlungsvermögens bringt er den Menschen eine Bereitschaft, eine innere Haltung näher, die es ihnen ermöglicht, gemeinsam mit ihrem Hund eine neue und kommunikative Ebene zu betreten. Eberhard Trumler war bis zu seinem Tod Köppels Freund und Mentor, der den Grundstein für seine Arbeit mit Hunden legte.

Weitere Informationen:
www.uli-koeppel.de

Perdita Lübbe-Scheuermann

Fragen an Perdita Lübbe-Scheuermann

1. Ihr Name ist? Perdita Lübbe-Scheuermann.

2. Wie alt sind Sie? Ich bin am 9.05.1965 in München geboren.

3. Von Beruf sind Sie? Mit wundervollen Aufgaben betraut, wie ich finde. Dazu zählen: Menschen mit Hund/en das Leben angenehmer zu machen. Beiden zu gleichen Teilen mehr Lebensqualität zu ermöglichen. Interessierten Menschen Wissen rund um das Verhalten von Hunden zu vermitteln. Ich freue mich, wenn es Hunden gut geht, egal, wo sie leben. Ich setze mein ganzes Wissen, meine Beobachtungsgabe, meine Kommunikationsfähigkeit dafür ein. Und dann gelingt genau das: Die Hunde und ihre Menschen sind glücklich!

4. Aus wem besteht Ihre Familie? Aus meinem Mann Ralf, Hunden und Pferden und natürlich aus meiner tollen Verwandtschaft.

5. Welche und wie viele Hunde besitzen Sie? Momentan sind es drei Hunde, mit denen wir zusammen leben. Dazu zählen der Chesapeake-Bay Retriever Rüde Eos (13), die Labrador-Hündin Bibi (5) und der Labbi-Youngster Quembo (1).

6. Welches ist Ihre größte Macke? Ich bin Zwillingsaszendent.

7. Wenn Ihre Hunde Menschen wären, welche Berufe hätten sie? Ich könnte mir gut vorstellen, dass Bibi zum Beispiel eine engagierte Sportlerin wäre, weil sie sehr ausdauernd im Verfolgen ihrer Ziele ist. Quembo wäre ein vorzüglicher Professor für Naturwissenschaften, weil er sich sehr stark für seine Umwelt interessiert. Eos wäre Bodyguard, vor allem für sich selbst, da er Nähe von Fremden nicht so sehr schätzt.

8. Was für ein Hund wären Sie? Wenn ich jetzt sage ein wendiger Windhund, lachen alle. Nein, nein darauf lasse ich mich nicht ein.

9. Welchen Prominenten würden Sie gern einmal kennenlernen? Den einen oder anderen kenne ich ja bereits. Schließlich gibt es viele Prominente mit Hund. Mehr wird nicht verraten.

10. Wenn Sie König von Deutschland wären, was würden Sie zuerst tun? Als KöniglN! würde ich erst einmal eine Woche lang damit verbringen, mit meiner Robe mit Plüschhermelin vor dem Spiegel zu flanieren und dann würde ich Sorge dafür tragen, dass alle Menschen, die Hunde halten, sich Mühe geben, diese zu verstehen und deren Bedürfnisse zu erfüllen. Hunde sind es wert, verstanden zu werden, sie sind sehr klug und spiegeln ihre Menschen. Und ich würde darauf achten, dass wir Hundemenschen rücksichts-

voll und respektvoll miteinander, vor allem aber auch mit Nichthundemenschen, umgehen.

11. Was war das Peinlichste, das Ihnen je passiert ist? Heute oder gestern oder jetzt gleich? In meinem Gedächtnis befinden sich allerlei lustige Anekdötchen …

12. Ihr bisher schönster Tag war? Ich erinnere mich an viele schöne Tage, einer davon war der Tag, an dem ich meinen Mann kennenlernte.

13. Ihr bisher schlimmster Tag war? Einer von den Tagen, an denen es heißt, von einer geliebten Person Abschied zu nehmen und zwar für immer.

14. Wie sind Sie auf den Hund gekommen? Ich bin mit Hunden groß geworden. Es stand fest, dass ich immer mit Hunden leben möchte.

15. Was schätzen Sie an anderen Menschen besonders? Offenheit, Ehrlichkeit, Klarheit, Loyalität, Humor.

16. Was ist Ihr Lieblingsgericht? Von meinem Mann gebackene Pizza.

17. Was bringt Sie zum Lachen? Ich kann ebenso über meine eigenen Missgeschicke lachen – und, ganz ehrlich, hier und da auch schon einmal über die der anderen. Auch einige Hunde bringen mich immer wieder zum Schmunzeln. Meistens dann, wenn es erzieherisch unangebracht ist.

18. Was bedeutet für Sie Lebensqualität? Etwas zu bewegen, worauf ich stolz bin. Mir den einen oder anderen Wunsch erfüllen zu können, weitere zu haben, auf deren Erfüllung ich noch warte.

19. Was wünschen Sie sich für die Zukunft? In erster Linie Gesundheit. Weiterhin gute Freunde und so tolle Kollegen/innen zu haben.

20. Wie lautet Ihr Lebensmotto? Alles ist gut! (und wenn nicht, dann wird es werden!)

21. Was möchten Sie allen Hundehaltern gern einmal sagen? In erster Linie möchte ich ihnen ein Lob aussprechen! Es ist erkennbar, dass Menschen, die mit Hunden leben, sich zunehmend mehr Gedanken um das Wohlergehen ihrer Vierbeiner machen, sich mit den Bedürfnissen und dem Ausdrucksverhalten der Hunde auseinandersetzen. Diesen Trend finde ich mehr als gut. Und Mut machen möchte ich all denen, die nicht mehr an ein harmonisches Miteinander innerhalb ihres individuellen Mensch-Hund-Teams glauben. Es gibt Lösungen – geben Sie nicht auf.

Perdita Lübbe-Scheuermann

Menschen und Hunde auf ihrem Weg ins Glück begleiten

»Berufswunsch von Kindesbeinen an: Hundetrainerin«

Bereits als Kind wusste Perdita Lübbe-Scheuermann, dass sie später einmal beruflich mit Hunden arbeiten würde. Am 9. Mai 1965 in München geboren, wuchs sie in Hildesheim auf. Münsterländer, Setter und Jagdterrier begleiteten sie von Anfang an und sorgten schon früh für die Erkenntnis, dass ein Leben ohne Hunde zwar ein Leben ist, aber eben ein armes. Die Verwirklichung des Berufswunsches »Hundetrainerin« musste jedoch noch ein Weilchen warten. Eine Anstellung als Kauffrau und Vertriebsassistentin sicherte zunächst den Lebensunterhalt. Das hieß jedoch nicht, dass das Thema Hund vom Tisch war. Im Gegenteil. Perdita Lübbe-Scheuermann reiste viel herum, um bei verschiedenen Hundetrainern ihr Wissen in Theorie und Praxis zu erweitern. Wegweisend für ihren Werdegang waren unter anderem Günther Bloch und der bereits verstorbene Heinz Gail. Diese beiden Kollegen schätzt sie bis heute besonders, da sie sich im Laufe der Jahre als faire Kollegen erwiesen haben. Nach ihrer Heirat zog sie gemeinsam mit ihrem Mann nach Darmstadt, wo sie bis heute lebt und arbeitet – vorausgesetzt, sie ist nicht gerade auf Sylt, ihrer zweiten Heimat. Neben der

Tatsache, dass Perdita-Lübbe Scheuermann ihren Beruf liebt, gibt es jedoch auch noch andere Dinge, die ihr am Herzen liegen. Sooft es ihr Terminkalender erlaubt, reist die Hundetrainerin nach Afrika. In Botswana engagieren sie und ihr Mann sich für diverse Hilfsprojekte.

»Startschuss im Retriever-Club«

Die Hundetrainer-Laufbahn begann schließlich 1987 im Retriever-Club, wo Perdita Lübbe-Scheuermann zunächst mit ihrem eigenen Labrador nach sinnvollen Beschäftigungsmöglichkeiten unter fachlicher Anleitung suchte. Doch es kam anders. Eine Hundehalterin und deren Setter benötigten erziehungstechnische Hilfe, welche innerhalb des Retriever-Clubs nicht zu finden war. Perdita Lübbe-Scheuermann nahm sich des Problems an und konnte dem Mensch-Hund-Gespann erfolgreich helfen – die Idee zum Einzelunterricht war geboren. Es folgten viele weitere Menschen und Hunde, denen die Darmstädter Hundetrainerin bei unterschiedlichen Problemen helfen konnte. Schnell entwickelte sich daraus die Idee, eine eigene Hundeschule zu eröffnen. 1994 war es dann soweit, Perdita Lübbe-Scheuermann gründete die »Hunde-Akademie Perdita Lübbe« in Griesheim bei Darmstadt. Der Sprung weg von Schreibtisch und Aktenordnern in die Selbstständigkeit war vollzogen, ein Traum hatte sich erfüllt. Das Angebot der »Hunde-Akademie Perdita Lübbe« ist vielfältig. Von Einzelunterricht und individueller Beratung über Gruppenstunden, Spielstunden, Welpengruppen, Prüfungen für Mensch & Hund, Seminare und spezielle Weiterbildungen für Hundetrainer und interessierte Hundehalter bietet Perdita Lübbe-

Scheuermann eigentlich alles, was Hund und Halter Sinnvolles miteinander tun können. Unterstützt wird sie dabei von einem achtköpfigen Trainer-Team. »Ohne mein Team wäre ich nicht da, wo ich jetzt bin«, betont die Leiterin der Hunde-Akademie. Die Trainerinnen betreuen nicht nur Menschen und Hunde, sondern haben immer wieder neue Ideen, um den Kunden der Hunde-Akademie eine zielgerichtete und abwechslungsreiche Betreuung mit Spaß und Kompetenz zu bieten. »Die Damen sind einfach unermüdlich. Jede der Trainerinnen hat eine fundierte Ausbildung, wir machen regelmäßige Trainertreffen und besuchen Weiterbildungen. Dennoch hat jede Mitarbeiterin ihr Steckenpferd, sei es der Schulbesuch, die Vorbereitung auf Wesenstests oder das Leiten von Seminaren.« Aussagekräftig ist auch die ISO-Zertifizierung der Hunde-Akademie, welche eine laufende Qualitätskontrolle der Arbeit mit Menschen und Hunden gewährleistet.

Perdita Lübbe-Scheuermann liebt ihren Beruf – in jeder Sekunde.

Im Retriever-Club hat alles begonnen: Mit einem Setter begann die Arbeit mit Hunden.

»Steckenpferd Apportieren, das Training mit im Tierheim leben-den Hunden und die Ausbil-dung zum Reitbegleithund«

Ihr eigenes Steckenpferd bei der Arbeit mit Hunden ist das Apportieren. »Die Apportier-arbeit mit Hunden macht mir sehr viel Freude, aber ich mache es eben ›just for fun‹ und kein ›jagdliches Apportieren‹«, beschreibt Perdita Lübbe-Scheuermann diese Beschäftigungsform für Mensch und Hund näher. »Ich schätze diese Arbeit mit dem Hund sehr, weil sie, richtig aus-geführt, ausschließlich positive Dinge bewirkt. Apportieren liegt der Natur des Hundes sehr

nahe und stärkt außerdem, durch gemeinsame Erfolgserlebnisse, die Beziehung zwischen Mensch und Hund nachhaltig. Doch das ist noch nicht alles! Meine Erfahrungen auf die-sem Gebiet zeigen deutlich, dass beispielsweise zuvor unkontrolliert jagende Hunde durch die Apportierarbeit ihren Fokus wieder mehr auf ihren Menschen richten«, erläutert die Darm-städterin die positiven Effekte des Apportie-rens. »Das Beste an dieser Arbeit ist allerdings, dass sie den Hund mental auslastet, man sie täglich machen und entsprechend dem Hunde-typ anpassen kann«, ergänzt sie ihre Aus-führungen. Mit einem Lächeln auf den Lippen fügt sie abschließend noch hinzu: »Die Mensch-

Das Training mit aggressiven und schwierigen Hunden macht heute einen großen Teil der Arbeit von Perdita Lübbe-Scheuermann aus.

Pferde sind eine weitere große Leidenschaft von Perdita Lübbe-Scheuermann. Die Ausbildung von Hunden zu Reitbegleithunden war daher nur eine logische Konsequenz.

nicht mehr was falsch und was richtig ist. Auch die Hunde spüren das und reagieren mitunter sehr heftig, sind gezwungen, die Dinge selbst zu regeln. Meine Arbeit ist daher in erster Linie eine Beziehungsarbeit. Wenn die Hundehalter ihre Hunde verstehen, ihre Körpersprache deuten können, dann klappt es meistens auch mit der Kommunikation, und das problematische Verhalten verschwindet oder wird zumindest deutlich reduziert. Stimmt die Mensch-Hund-Beziehung, dann klappt es meistens auch mit der Erziehung«, sagt die Darmstädter Hundetrainerin.

Ihr Engagement hinsichtlich der Unterstützung von Tierheimen ist groß und stellt für sie eine Herzensangelegenheit dar. Oft wird sie von Tierheimen gerufen, um einen scheinbar schwer vermittelbaren Hund bezüglich seines Wesens einzuschätzen. Sie nimmt den Vierbeiner dann »unter die Lupe« und macht sich ein eigenes Bild. Gemeinsam mit dem Pflegepersonal werden Trainingspläne erarbeitet und dem Hund so wieder eine Chance auf Vermittlung, auf ein Leben mit dem Sozialpartner Mensch gegeben. »In meinen Stammtierheimen in Viernheim und Wiesbaden und in fünf weiteren Tierheimen schule ich, gemeinsam mit dem Team der Hunde-Akademie, Gassigänger und bereite sie auf die Sachkundeprüfung vor. Außerdem veranstaltet die Hunde-Akademie regelmäßig Vorträge und spendet

Hund-Beziehung steht bei mir immer an erster Stelle und eben nicht der sportliche Erfolg.«
Ein weiterer Schwerpunkt von Perdita Lübbe-Scheuermann ist die Arbeit mit schwierigen bzw. aggressiven Hunden. »Das Problem ist, dass es immer mehr Hunde gibt und der Druck von außen wird auch immer größer. Folglich sind viele Menschen sehr verunsichert, wissen

Die Aus- und Weiterbildung von ambitionierten Hundetrainern liegt der Griesheimer Hundetrainerin besonders am Herzen.

den Erlös einem der Tierheime.« Während Perdita Lübbe-Scheuermann von dieser Arbeit berichtet, wird sie sehr ernst. Sie fühlt mit – mit den Hunden, die oftmals zu unrecht und aufgrund von Missverständnissen in der Kommunikation zwischen Mensch und Hund am Ende im Tierheim landen.

Als begeisterte Reiterin hat Perdita Lübbe-Scheuermann die Ausbildung von Hunden zum Reitbegleithund zu einem weiteren Schwerpunkt ihrer Arbeit gemacht.

»Für viele Hundebesitzer und Reiter gibt es nichts Schöneres als gemeinsame Ausritte mit Hund und Pferd«, sagt sie aus eigener Erfahrung. »Meine Aufgabe ist es daher, das Dreiergespann Mensch, Hund und Pferd so zu trainieren und aufeinander abzustimmen, dass gemeinsame Ausritte und auch der tägliche Umgang miteinander funktionieren, keine Gefahr darstellen und vor allen Dingen Spaß machen«, endet die Darmstädterin.

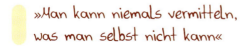

»Man kann niemals vermitteln, was man selbst nicht kann«

»In erster Linie müssen Hundetrainer mit Menschen umgehen können, sie müssen das richtige Gespür für Menschen und Hunde besitzen. Mit Sitz, Platz und Fuß hat das nichts zu tun«, sagt Perdita Lübbe-Scheuermann deutlich. »Ein guter Hundetrainer, der eigentlich mehr ein Menschentrainer ist, muss außerdem erkennen, was für den jeweiligen Menschen und seinen Hund richtig und passend ist, was beide leisten können oder was eben nicht. Davon hängt dann auch die weitere Vorgehensweise ab. Was zählt, ist nicht die Methode, sondern ein großer Wissens- und Erfahrungsschatz hinsichtlich der unterschiedlichsten Möglichkeiten, den man bei Bedarf abrufen kann. Das Wichtigste ist jedoch, die Menschen da abzuholen, wo sie stehen. Wenn ein Mensch beispielsweise sehr angespannt ist, wenn er mit seinem Hund spazieren geht, weil dieser sich an der Leine auf alle anderen Hunde stürzt, dann bringt es nichts zu sagen: ›Entspannen Sie sich, da passiert nichts.‹ Der Mensch muss an dieser Stelle mit seinen Ängsten ernst genommen werden. Erst in der Folge kann er lernen, dass er sein Problem durch bestimmte Mechanismen lösen kann. Und dann wird er sich auch irgendwann entspannen«, erklärt Perdita-Lübbe Scheuermann. »Eine weitere, unerlässliche

Grundvoraussetzung eines Hundetrainers ist die ständige Fort- und Weiterbildung auf kynologischem Fachterrain. Dazu gehört meiner Meinung nach auch ein gewisses medizinisches Wissen, da viele Hunde, die ins Training kommen, krank sind und ihr unerwünschtes Verhalten dort seine Ursache findet. Training würde langfristig nicht zum Erfolg führen, ganz zu schweigen von dem Stress, der dem Tier dadurch zusätzlich auferlegt würde. Stillstand bedeutet in jeder Hinsicht auch in dieser Branche Rückschritt«, da ist sie sich sicher. »Im praktischen Bereich spielen die Erfahrungswerte eines Hundetrainers eine große Rolle. Von großer Bedeutung ist es daher auch, dass Hundetrainer abgeben können und müssen, wenn sie in einem bestimmten Bereich nicht mehr weiter wissen. Man kann niemals vermitteln, was man selbst nicht kann«, stellt Perdita Lübbe-Scheuermann unmissverständlich klar.

»Bedürfnisse des Hundes erkennen«

»Wer einen Hund hält, der trägt eine große Verantwortung und muss sich dieser täglich bewusst sein. Der Hund sollte seinem Menschen vertrauen können, und der Mensch sollte für seinen Hund da sein. Das gilt im Alltag und gerade auch in brenzligen Situationen. Niemals sollte ein Hundehalter seinen Hund aus Unachtsamkeit oder Gedankenlosigkeit in eine für ihn gefährliche Situationen schicken. Wer das trotzdem macht, der riskiert die gute Beziehung zwischen sich und seinem Hund und zerstört darüber hinaus einen großen Teil der Vertrauensbasis«, gibt die Hundefachfrau zu bedenken.

Ein Hund muss auch mal Hund sein dürfen – dafür setzt Perdita Lübbe-Scheuermann sich ein.

»Ein weiterer wichtiger Punkt ist die oft vernachlässigte Tatsache, dass Hunde auch einfach mal Hunde sein müssen. Sie müssen buddeln und schnüffeln dürfen, ohne Leine laufen, sich schmutzig machen und mit Artgenossen kommunizieren. Leider erlebt man als Hundetrainerin nicht selten gerade das Gegenteil. Hunde werden ständig mit irgendetwas oder irgendwie gegängelt oder als eine Art ›Klavierkind‹ missbraucht. Ganz nach dem Motto: Höher, schneller, weiter! Viel wichtiger wäre es, dass Menschen Tendenzen ihrer Hunde erkennen und deren Körpersprache lesen können. Vermittelt der Mensch seinem Hund dann noch klar und deutlich, was er von ihm verlangt, und

gibt ihm darüber hinaus noch eine vertrauenswürdige, klare Orientierungshilfe, sorgt für gemeinsame Erfolgserlebnisse und bietet eine auslastende Beschäftigung, so steht einer harmonischen Beziehung nichts mehr im Wege«, versichert Perdita Lübbe-Scheuermann. »Einer sollte immer den Ton angeben – im Idealfall der Mensch«, ergänzt sie schmunzelnd und weist gleichzeitig daraufhin, dass das nicht unter Zwang passiert, sondern die freie Entscheidung des Hundes ist, weil dieser die Kompetenz des Menschen als verlässliche und souveräne Führungspersönlichkeit erkannt hat. »Menschen dürfen Hunden außerdem auch einen Job anvertrauen. Gerade wenn man bedenkt, dass

Hunderassen extra dafür gezüchtet werden bzw. wurden«, sagt Perdita Lübbe-Scheuermann. »Ein Jagdhund darf und soll natürlich seinen Job erledigen dürfen, dem Jäger auf der Jagd zu helfen und seine Tätigkeit erwartungsgemäß zu erledigen. Dabei dürfen nur die Bedürfnisse des Hundes nicht vergessen werden. Das heißt, der Jagdhund darf nach getaner Arbeit nicht den Rest der Woche sein Dasein in einem Zwinger fristen, isoliert von Sozialkontakten jeglicher Art«, unterstreicht sie ihre Aussage. »Hundebesitzer sollten ferner viel häufiger dazu bereit sein, die Kommunikation ihres Hundes auch wirklich verstehen zu wollen und sich darauf einzulassen. Sie sollten bereit sein ›Hündisch‹ zu lernen. Und genau dieses Gefühl und das Wissen über die Kommunikation von Hunden versuchen wir in unserem Training, in Seminaren, Einzel- und Gruppenstunden auch immer wieder zu vermitteln.«

»Berater für Menschen mit Hund«

Was die Weiterbildung von Hundetrainern betrifft, hat Perdita Lübbe-Scheuermann eine ganz eigene Philosophie: »Ich möchte den Menschen, die bereits mit Hunden arbeiten, eine Möglichkeit bieten, sich zum einen fortzubilden und zum anderen ihr Wissen überprüfen zu lassen. Dabei geht es nicht darum, Menschen auszubilden, die Hunde trainieren. Vielmehr richtet sich dieses Weiterbildungsprogramm an Menschen, die Menschen mit Hunden beraten möchten. Diese Beratung hat zum Ziel, dass Menschen mit Hund beispielsweise durch bestimmte Verhaltensveränderungen unerwünschte Verhaltensweisen ihres Hundes in

erwünschte verändern können. Die Beratung beschäftigt sich mit den Bedürfnissen des Hundes genauso wie mit dem Erkennen der jeweiligen Charaktere – sowohl vom Hund als auch vom Menschen, um ganz individuell auf das einzelne Mensch-Hund-Team eingehen zu können«, erklärt Perdita Lübbe-Scheuermann einen Baustein dieser Idee. »Als Berater für Menschen mit Hund ist es unverzichtbar, über ein umfangreiches Wissen über das Verhalten, insbesondere über das Lernverhalten eines Hundes, zu verfügen. Wer die einzelnen Sequenzen des hündischen Verhaltens nicht zielsicher und fachlich korrekt interpretieren kann, ist schnell überfordert, wenn es darum geht, Menschen zu erklären, was sie verändern sollten, damit die Beziehung stabilisiert wird«, weiß Perdita Lübbe-Scheuermann aus langjähriger Berufserfahrung. Folglich ist es ihrer Meinung nach besonders wichtig, dass ein Berater für Menschen mit Hund auch über gute Menschenkenntnisse verfügt. Darüber hinaus sind pädagogische Fähigkeiten erforderlich, um Sachverhalte eindeutig und unmissverständlich vermitteln zu können. »Nicht zu unterschätzen ist außerdem die Belastbarkeit des Beraters für Menschen mit Hund. Wer mit Hunden und Menschen arbeitet, muss sowohl physisch als auch psychisch viel aushalten können. Dauerregen, Schneefall oder extreme Hitze gehören zum Alltagsgeschäft und können bei einem Acht-Stunden-Tag manchmal sehr anstrengend sein. Hinzu kommt, dass die Konzentration des Beraters während der gesamten Zeit auf alle Merkmale des hündischen wie auch des menschlichen Verhaltens gerichtet sein muss. Unachtsamkeiten, nachlässiges Beobachten und falsche Einschätzungen können schnell zu

Ein guter Hundetrainer muss in den Augen von Perdita Lübbe-Scheuermann die einzelnen Sequenzen des hündischen Verhaltens genau kennen.

fatalen Folgen führen, beispielsweise zu Verletzungen durch den Hund«, beschreibt die Hundetrainerin die körperlichen Anforderungen dieses Berufes. Aber auch die psychischen Anforderungen sind enorm. »Durch die unterschiedlichen Charaktere von Mensch und Hund sowie deren individuelle Einzelschicksale sind Regenerationsphasen extrem wichtig. Auszeiten sind daher unbedingt notwendig, um stets umsichtig und mit dem nötigen Weitblick das Berufsbild des Beraters ausfüllen zu können, ohne darin verfangen zu sein«, beschließt Perdita Lübbe-Scheuermann ihre Ausführungen.

»Hundetrainer an einem Tisch: kollegial = genial«

Was es in vielen Berufen schon lange gibt, war unter Hundetrainern bisher kaum zu finden: Kollegen im Austausch über Hundetraining und alles, was damit zu tun hat. Seit Januar 2006 bietet Perdita Lübbe-Scheuermann in ihrer Hunde-Akademie Hundetrainern die Möglichkeit, sich untereinander auszutauschen, über Probleme oder Trainingserfolge zu diskutieren, oder einfach nur die Chance, sich über die tägliche Arbeit zu unterhalten. »Mein Gedanke war, dass es doch eine gute und sinnvolle Idee wäre, wenn Hundetrainer die Möglichkeit hätten, sich

Bei jeder »Hunde-Akademie-Runde« geht es um spezielle Themen, die erläutert, diskutiert und kritisch betrachtet werden.

untereinander über aktuelle Erkenntnisse, unterschiedliche Trainingsansätze oder einfach nur über Freud und Leid dieses Berufes auszutauschen.« Da diese Idee begeistert aufgenommen wurde, entstand bereits nach kurzer Planungsphase die »Hunde-Akademie-Runde« unter dem Motto: »kollegial = genial«. Seither findet diese Runde einmal monatlich mit großem Zulauf statt. »Die Hunde-Akademie-Runde richtet sich an alle Interessierten, die mit Menschen und Hunden arbeiten – wie Hundetrainer, Tierpsychologen, Verhaltenstherapeuten und verhaltenstherapeutisch arbei-

tende Tierärzte. Zu jeder Runde bieten wir speziell ausgewählte Themen an, die immer in Verbindung mit der Arbeit eines Hundetrainers stehen«, erläutert Perdita Lübbe-Scheuermann dieses Projekt. Doch das ist noch längst nicht alles. Wer sich »kollegial = genial« anschließt, kann außerdem auf die Unterstützung und Hilfe der Hunde-Akademie Perdita Lübbe setzen. Egal ob Beurteilungs-Service für Hund-Mensch-Teams, die der Rat suchende Hundetrainer trainiert, ob Weiterbildungsmaßnahmen oder ganz persönliche Beratung: »kollegial = genial« hilft und unterstützt Hundetrainer in allen Lebenslagen. »Ich möchte allen Hundebesitzern mit auf den Weg geben, dass Bindung und Vertrauen nach wie vor die Grundlage der Mensch-Hund-Beziehung und somit auch von allergrößter Bedeutung sind«, endet Perdita Lübbe-Scheuermann.

Info: Perdita Lübbe-Scheuermann

Perdita Lübbe-Scheuermann, Jahrgang 1965, leitet seit 1994 die von ihr gegründete Hunde-Akademie in Darmstadt. Neben Hundeerziehung und einem breit gefächerten Freizeitangebot für Mensch und Hund bietet die ISO-zertifizierte Hunde-Akademie diverse Fort- und Weiterbildungsangebote für Hundetrainer und -besitzer sowie für Tierschutzorganisationen an. Perdita Lübbe-Scheuermann ist außerdem Lehrerin an der Berufsschule für Tierpfleger/innen in Hessen, Mitglied im Prüfungsausschuss und erfolgreiche Buchautorin.

Seit 2010 bietet Perdita Lübbe-Scheuermann in Kooperation mit Frau Brigitte Marx-Lang (Coaching und Karriereberatung) Coaching für Menschen mit Einsatz von Hunden/Pferden an. Neben Hundetrainern gehören auch bekannte Autohersteller zu ihren Kunden, die ihre Führungskräfte und Mitarbeiter zu diesen Seminaren schicken, bei denen es darum geht, sich selber noch besser kennen zu lernen.
Weitere Informationen:
www.hundeakademie.de
und www.Quembo-Coaching.de

Deutschlands Hundetrainer

Nadin Matthews

Fragen an Nadin Matthews

1. Ihr Name ist? Nadin Matthews.

2. Wie alt sind Sie? 34 Jahre.

3. Von Beruf sind Sie? Dozentin für Hunde-trainer, Verhaltensberaterin.

4. Aus wem besteht Ihre Familie? Oma Erika, Opa Max, Tante Monika, ... Ich habe das Glück, Teil einer großen und eng verbundenen Familie zu sein. Dazu gehören die genetisch Verwand-ten, Freunde und meine Frau.

5. Welche und wie viele Hunde besitzen Sie? Vier Hunde: Monroe (Labrador, 11), Luder (DSH-Mix, 9), Sonntag (Husky, 7) und Piaf (ungarischer Hütehund, 5).

6. Welches ist Ihre größte Macke? Da gibt es einige. Z.B. die Unfähigkeit, mein Auto sauber zu halten oder dass ich nicht auf-hören kann, die fürchterlichen Dekorationen in deutschen Landgasthöfen zu fotografieren.

7. Wenn Ihre Hunde Menschen wären, welche Berufe hätten sie? Monroe könnte ich mir gut an der Rezeption eines öffentlich-rechtlichen Senders vorstellen, natürlich nur halbtags, nicht mehr sehr leistungsfähig, aber gut gelaunt und für jeden ein Franzbrötchen in der Tasche. Luder könnte in dem Aufschreiben von Falsch-parkern aufgehen, nicht weil es ihr Job ist, son-dern aus Überzeugung. Der Huskymann hätte eine grandiose Karriere bei den Hells Angels machen können, auf jeden Fall hat er Haare auf der Brust. Piaf könnte eine völlig überdreh-te Fitnesstrainerin sein, die versucht, Leute wie Monroe von den Franzbrötchen wegzukriegen.

8. Was für ein Hund wären Sie? Ich wäre gern ein Greyhound, das kommt figur-mäßig aber nicht hin. Leider. Charakterlich auch nicht. Ein Glück. Wahrscheinlich wäre ich ein Deutschdrahthaar wegen seiner Vielseitigkeit und seiner jagdlichen Leidenschaft. Klingt doch gut – oder?

9. Welchen Prominenten würden Sie gerne ein-mal kennenlernen? Uschi Blum alias Hape Kerkeling, ich bin seit Jahren ihr Fan.

10. Wenn Sie König von Deutschland wären, was würden Sie zuerst tun? Überfordert sein und dann ein großes Konzept schreiben ...

11. Was war das Peinlichste, das Ihnen je passiert ist? Vor einigen Jahren war ich sehr verliebt und in der Flirt-Phase, in der dies noch nicht ausgesprochen ist. Ich hatte einen Anruf in Abwesenheit mit unterdrückter Nummer erhalten und siegessicher schickte ich eine SMS an meine Angebetete mit den Worten: »Hast Du mich angerufen und wenn nein, warum

nicht.« Kurze Zeit später rief mein Bruder an und erzählte, dass er vorher versucht hatte, mich zu erreichen. Da habe ich kurz über das Gefühl von Scham nachgedacht. So etwa pas-siert jedoch selten. Wie man dem Beispiel ent-nehmen kann, lege ich viel Wert auf Stil und Haltung.

12. Ihr bisher schönster Tag war? Mein Hochzeitstag, alle beide.

13. Ihr bisher schlimmster Tag war? Es sind eher die einsamen Nächte in irgendwel-chen Hotels, die mir zu schaffen machen.

14. Wie sind Sie auf den Hund gekommen? Ich bin zwischen vier Hunden aufgewachsen und hatte keine Chance, mich anders zu ent-scheiden, geschweige denn mich normal zu entwickeln.

15. Was schätzen Sie an anderen Menschen besonders? Ihre Vielfalt und Einzigartigkeit, ihre persönlichen Geschichten und Sichtweisen, die sie ausmachen. Ich mag Menschen, die viel erlebt haben, einen Blick fürs zwischenmensch-liche Detail haben, die selbstironisch, souverän, vertrauensvoll und kämpferisch sind und die sich trotz allem Stil und Haltung bewahrt haben.

16. Was ist Ihr Lieblingsgericht? Das unterliegt den weiblichen Stimmungsschwankungen, aber auch den regionalen Gegebenheiten. Vom edlen Fisch bis zu Miracoli. Manchmal aber auch nur Kaffee und Zigarette ...

17. Was bringt Sie zum Lachen? Das sind Alltagsgeschehnisse, zum Beispiel hat neulich ein Herr im Hundeauslauf gefragt, ob der Hund den Maulkorb trägt, weil er Zwingerhusten hat. Aber auch im Supermarkt, wenn die Kassiererin ihrer Kollegin zuruft: »Frau Meyer hast Du mal den Dreier, ich hab hier ne Storno.« Menschen sind unglaublich witzig, wenn man ihnen zuhört.

18. Was bedeutet für Sie Lebensqualität? Mich morgens schon auf den Tag zu freuen.

19. Was wünschen Sie sich für die Zukunft? Immer ausreichend Luft über dem Kopf zu haben.

20. Wie lautet Ihr Lebensmotto? Das Leben ist bunt, wild und wunderschön und manchmal ein notwendiges Ärgernis.

21. Was möchten Sie allen Hundehaltern gerne einmal sagen? Lassen Sie sich nicht von uns Hundefachleuten verrückt machen, bleiben Sie echt und hören Sie auf Ihren Bauch.

Nadin Matthews

Erziehung ist bunt, wild, wunderschön und manchmal ein notwendiges Ärgernis

> »Schwierige Mensch-Hund-Konstellationen sind ihre Passion«

Nadin Matthews ist ein echtes Nordlicht. Geboren und aufgewachsen ist sie in Schleswig-Holstein, wo sie auch heute noch, gemeinsam mit ihrer Lebenspartnerin und ihren vier Hunden, lebt. Schon während ihrer Kindheit waren Hunde immer mittendrin und stets dabei. Als Mitglied einer Afghanen-Züchter-Familie, gehörten sämtliche Extreme des Hundeverhaltens für sie zum Alltag. »Afghanen aus der Rennlinie können sehr ernst zu nehmende Hunde sein. Neben ihrem jagdlichen Übertalent, waren die Hunde meiner Kindheit auch in ihrer Selbstdarstellung Menschen und Artgenossen gegenüber sehr eindeutig. Für mich war es also völlig normal, dass Hunde beißen und sie haben mir beigebracht, die Anzeichen dafür frühzeitig zu erkennen,« erklärt Nadin Matthews ihre Gelassenheit gegenüber den so genannten Problemhunden. »Bei dieser Ausgangssituation gab es faktisch nur zwei Möglichkeiten«, meint Nadin Matthews: »Entweder wird jemand mit meiner Vorgeschichte Hundephobikerin oder Hundetrainerin.«

Bereits ein Blick auf den Lebenslauf von Nadin Matthews zeigt, wie viel Lebenserfahrung die junge Hundetrainerin aus dem hohen Norden gerade in extremen Bereichen vorzuweisen hat. Geballtes Fachwissen, Verantwortungsbewusstsein, Authentizität und ein hohes Maß an Empathie, spiegeln sich in ihrer Arbeit wider. Selten gibt es Hundetrainer, die von allen Seiten betrachtet, so uneingeschränkt kompetent am Hund und im Umgang mit dem Menschen sind. In ihrer Vergangenheit arbeitete sie bereits in einer AIDS-Beratungsstelle, in der Sterbebegleitung, im Drogenentzug und in einer Behindertengruppe für Erwachsene. Krankheit, Sex, Tod und der Umgang mit Menschen in schwierigen Lebenssituationen gehörten somit von Anfang an zum Berufsalltag der Hundetrainerin. »Eine gute Beratung hilft jemandem, sich selbst zu helfen und hat damit den Anspruch, sich dann auch selbst wieder überflüssig zu machen. So sehe ich das in meiner Arbeit mit Menschen und Hunden auch«, sagt sie deutlich.

In der Hundeschule Hundeleben hat dann alles begonnen. »Bei Michael Grewe und seiner Frau Bettina habe ich damals viel gelernt und meine ersten Schritte in der Arbeit mit Hunden gemacht«, berichtet Nadin Matthews. »Das Buch »Ausdrucksverhalten beim Hund« von Dorit Feddersen Petersen, hat mich zu jener Zeit sehr beeindruckt und mich dazu animiert, Hunde auch aus wissenschaftlicher Perspektive zu betrachten. Schnell wurde mir damals klar, dass mein beruflicher Weg von nun an von Hunden begleitet werden würde«, erläutert sie diese Entwicklung.

»Mein besonderes Interesse galt von Anfang an den komplizierten Dingen, den eher verzwick-

Der Lebenslauf von Nadin Matthews lässt erahnen, welchen fachlichen Hintergrund die junge Hundetrainerin vorzuweisen hat.

*Es sind die komplizierten Dinge, die verzwicken Mensch-Hund-Beziehungen,
die Nadin Matthews reizen.*

ten Hundeproblematiken und der Verhaltenstherapie. Am liebsten arbeite ich mit schwierigen Mensch-Hund-Konstellationen«, beschreibt
die Hundetrainerin ihre Präferenzen.

»Wissen reflektiert, methodenfrei und praxisnah vermitteln«

Nadin Matthews ist Mitentwicklerin von CANIS,
dem Zentrum für Kynologie in Deutschland.
Dort hat sie gemeinsam mit Erik Zimen und
Nicole Kieschnik das CANIS-Studium entworfen
und war darüber hinaus bis 2010 für die inhaltliche Leitung von CANIS verantwortlich. Sie war
und ist an der inhaltlichen Entwicklung der

behördlichen Zertifizierung der Tierärztekammer Schleswig-Holstein für Hundeschulen
beteiligt. Mit dogument hat sie 2010 eine neue
Aus- und Weiterbildungsstätte im Hunde-
bereich gegründet und bietet eine fundierte
Ausbildung für Hundetrainer und auch erstmalig in Europa für Dogwalker an. »Wer einen pro-
fessionellen Gassi-Service oder Hundetages-
betreuung anbieten möchte, benötigt einiges
an theoretischem und praktischem Wissen.«

Bedingt durch ihre außergewöhnlichen didakti-
schen Fähigkeiten, steht die Vermittlung von
praxisnahem Wissen immer wieder im Mittelpunkt ihrer Arbeit: »Hundetrainerin sein ist in

meinen Augen eine Lebenseinstellung, auch wenn das pathetisch klingt. Meine Arbeit leistet einen sehr wichtigen Beitrag auf dem großen weiten Feld der Hundeerziehung, sei es in meiner Funktion als Dozentin für Hundethemen oder als Beraterin für schwierige Mensch-Hund-Konstellationen.«, sagt Nadin Matthews selbstbewusst. Der hohe Anspruch an die eigene Arbeit macht sich bei Nadin Matthews in jeder Hinsicht bemerkbar. »Der Grundsatz meiner Arbeit ist, dass Mensch und Hund mehr Lebens- und Beziehungsqualität bekommen. Um das zu erreichen, baue ich ein Einzeltraining immer in bestimmten Schritten auf. Zuerst gibt es das sogenannte »Erstgespräch«, bei dem ich möglichst viel über die jeweilige Mensch-Hund-Beziehung erfrage, um mir ein genaues Bild der Problematik machen zu können. Während des Gesprächs kann ich das Verhalten von Hund und Halter außerdem genau beobachten. Häufig ist das, was ich dann sehen kann, schon sehr aufschlussreich«, sagt Nadin Matthews.

Erstmalig in Europa bietet Nadin Matthews mit dogument auch eine Ausbildung für professionelle Dogwalker an.

Mehr Lebens- und Beziehungsqualität für Mensch und Hund. Das ist das Ziel von Nadin Matthews.

Im zweiten Schritt folgt, unter Berücksichtigung der Vorgeschichte des Hundes, der Persönlichkeit des Hundes und des Halters, der Rasse, des Alters und Geschlechts des Hundes, der Haltungsbedingungen, des Erziehungsstils der Besitzer und der Wissenschaft (z.B. über Lernverhalten), die Analyse. Darauf folgt anschließend die kurz-, mittel- und langfristige Zielsetzung, die Nadin Matthews gemeinsam mit dem Hundehalter, festlegt. Im dritten Schritt werden die Rahmenbedingungen des Trainings festgelegt. »An dieser Stelle überlege ich beispielsweise, an welchem Ort und in welcher Zeitspanne das Training abgehalten wird und wie und wo die Übertragung in das »wirkliche Leben« stattfindet«, erläutert sie. »Sind diese Punkte geklärt, geht es erst an die Auswahl der Methoden. Diese müssen immer und unbedingt passend zum Hund, zum Halter und zum jeweiligen Problem ausgesucht werden. Ist das geschehen, geht es an die strukturierte Umsetzung und Vermittlung von Trainingsmöglichkeiten und Fachwissen«, fährt Nadin Matthews fort. »Am Ende eines jeden Trainings steht immer die Reflexion der eigenen Arbeit und selbstkritische Frage, ob die gemein-

Soziale Systeme unterliegen immer irgendwelchen Zwängen – bei Menschen und auch bei Hunden. Nähe und Distanz gehören gleichermaßen zu einer gesunden Beziehung und werden von den betroffenen Individuen eingefordert.

same Zielsetzung des Trainings erreicht wurde«, ergänzt sie diesen wichtigen Punkt.

»Souveränität und Wohlwollen als Grundlage«

So selbstverständlich wie Nadin Matthews mit Hunden und Menschen umgeht, so natürlich ist auch ihre Einstellung zur Hundeerziehung und deren Grenzen: »Soziale Systeme unterliegen soziologisch gesehen immer irgendwelchen Zwängen. Sie entstehen durch die Vereinbarung bestimmter Werte, Normen und Regeln.

Dies ist notwendig, um eine soziale Ordnung zu etablieren, die das Leben einschätzbar macht. Auch Hunde sind Teil unserer Gesellschaft und müssen sich in einem gewissen Rahmen verhalten, sollten um Grenzen wissen. Diese Begrenzung sollte vom Menschen so formuliert werden, dass ein Hund sie versteht, sie einschätzen kann und es für ihn eine Lösung und einen Vorteil gibt. Souveränität und Wohlwollen des Menschen sollte die Grundlage dafür sein«, meint Nadin Matthews.

Der Umgang mit Konflikten gehört genauso zum Leben mit dem Hund, wie die harmonischen Momente. Nadin Matthews weiß genau, wann was angebracht ist.

»Was wirklich wichtig ist«

»Wirklich wichtig finde ich es, die Menschen da abzuholen, wo sie stehen. Es geht darum, die Ängste und Nöte eines Menschen ernst zu nehmen, und ihm infolge dessen auch eine lebensnahe Lösung für sein Problem anzubieten. Alles andere, was man aufwendig konstruieren könnte, was sich theoretisch grandios anhört, allerdings nur vom Hundetrainer selbst geleistet werden könnte, hilft Leute im wahren Leben nicht weiter«, bezieht Nadin Matthews

ganz eindeutig Position. »Wie viel Einfühlungsvermögen im Umgang mit Menschen und Hunden nötig ist, zeigt doch schon die Tatsache, dass Hunde es schaffen, Emotionen bei Menschen auszulösen, die kaum ein anderer Mensch hervorzurufen vermag. Diese Emotionen können sowohl in die eine, als auch in die andere Richtung gehen: Liebe, Glück, Wohlbefinden, Stress, Angst, Ohnmacht – alles kann dabei sein«, weiß die viel beschäftigte Hundetrainerin. »Viele Menschen, die eine Beratung in Anspruch nehmen, habe eine lange Leidensgeschichte hinter sich. In Hundebüchern haben sie nach Hilfe gesucht, doch in keinem haben sie ihre persönliche Geschichte gefunden. Die ist jedoch für die Lösung entscheidend, mit all den Emotionen, die dazu gehören«, da ist sie sich ganz sicher.

»Erziehung ist ein flexibler Prozess und ein notwendiges Ärgernis«

Zum Thema Hundeerziehung stellt Nadin Matthews fest: »Es ist ein flexibler Prozess, für den es keine allgemeingültigen Lösungen geben kann. So lang alles gut läuft, kann man sich wunderbare Gedanken über Beschäftigung und Förderung sämtlicher Fähigkeiten von Hunden machen. Das macht Menschen meist Spaß. Zur Erziehung gehört aber auch der Umgang mit Konflikten und dies wird nur selten als Freude bezeichnet. Leider, denn soziale Reibung ist ein spannendes Ereignis und macht eine ernsthafte Beziehung aus.« Wenn Nadin Matthews so spricht, scheinen Schwierigkeiten ein Stück normaler zu werden und anscheinend nichts, vor dem man sich fürchten müsste.

»Gerade dann, wenn Hunde aus dem Ruder laufen, brauchen sie ihren Sozialpartner Mensch als Orientierungshilfe, als eine Art roten Faden im Leben. Diese Hilfestellung ist Teil des kleinen Erziehungsauftrages, den man hat, wenn man einen Hund zu sich nimmt«, so meint die Verhaltensberaterin. »Heutzutage wird dieser Erziehungsauftrag aber gern mit einem Dauerbespaßungsprogramm verwechselt und endet in einem regelrechten Beschäftigungswahn. Man versucht sich um Probleme herumzuspie-

len und zu füttern. Der Versuch allerdings Konflikte zu umgehen, in dem man den Hund ablenkt, sein Verhalten umlenkt oder die gesamte Situation vermeidet, hat einen großen Nachteil: Die Hunde lernen nicht, sich in der relevanten Situation anders zu verhalten, weil es an dieser Stelle keine Information vom Menschen gibt,« gibt Nadin Matthews zu bedenken. »Damit Hunde keinen Stress haben, setzen sich ihre Besitzer wahnsinnig unter Druck und glauben selbst in Alltagssituation, ständig um den Hund kreisen zu müssen. Was vergessen wird, ist, dass es Hunden hilft, auch mit einem gewissen Maß an Frustration zurechtzukommen. Wenn man Kindern nur aufdreht und nicht dafür sorgt, dass sie auch mal ruhig irgendwo sitzen, werden sie spätestens in der Schule große Probleme kriegen. Mit unbegrenzten Hunden ist schon ein Cafebesuch äußerst anstrengend. Ich hätte den Anspruch meine Hunde überall mit hinnehmen zu können. Hunde vernünftig zu beschäftigen, ist sehr wichtig, aber nicht, wenn ich einen Kaffee trinken gehen«, schmunzelt Nadin Matthews.

»Das wirkliche Leben: Von erfrischend normaler Komplexität«

»Einerseits wundere ich mich immer wieder, wie leichtfertig viele Hundebesitzer und auch viele Hundetrainer der Komplexität der sozialen Beziehung zwischen Mensch und Hund begegnen, anderseits erstaunt es mich, dass die Einfachheit des Lernens scheinbar nur selten gesehen wird«, sagt sie mit nachdenklicher Miene. »Da werden bei jedem noch so kleinen Problem sofort Hilfsmittel eingesetzt, anstatt dass sich die Menschen selbst mehr einbringen

Nadin Matthews lehnt Hilfsmittel nicht grund-sätzlich ab, hinterfragt den deren Einsatz fach-lich aber jedes mal.

und als direkter »Erziehungsbeauftragter« argumentieren. Viel wichtiger als die Symptom-behandlung über Hilfsmittel ist doch das »Gespräch« mit dem Hund. Damit meine ich das Beobachten von Körpersprache und Verhalten, also der Versuch, Hunde zu verste-hen, um dann wiederum zu schauen, wie ich mich selbst verhalten kann, um vom Hund ver-standen zu werden,« meint die Hundetrainerin aus Norddeutschland.

»Ergänzen möchte ich noch, dass ich Hilfsmittel nicht grundsätzlich ablehne, aber der Einsatz sollte immer fachlich hinterfragt werden. Ein Hilfsmittel kann nicht die Persönlichkeit des Menschen ersetzen und sollte so selten wie möglich eingesetzt werden. Hilfsmittel können aber auch ein Segen ein. Zum Beispiel kann eine Absicherung durch einen Maulkorb ermögli-chen, bestimmte Konfliktsituationen über-haupt einmal zu trainieren. Oder ein Halti hilft Menschen mit großen Hunden, diese zu halten. Man darf nur nicht glauben, dass sich der Hund aufgrund eines Haltis am Menschen orien-tiert«, sagt sie unmissverständlich.

»In diesem Zusammenhang möchte ich auch noch kurz auf die Sache mit der ach so wichti-gen Bindung eingehen. Fast jeder Hund hat eine Bindung zu seinem Menschen. Was deut-lich variieren kann, ist die Bindungsqualität. Bindung ist ein Band das nicht zerreißen darf,

*Hundetrainer können sich bei Nadin Matthews individuell beraten lassen
und bekommen Hilfe und Unterstützung, wenn es erforderlich ist.*

aber durchaus gedehnt werden sollte. Das heißt, eine gute Bindung zeichnet sich auch dadurch aus, Hunden so viel Sicherheit zu geben, dass sie sich eigenständig verhalten können und nicht in permanenter Abhängigkeit zum Menschen stehen. Dafür müssen sie allerdings wissen, was richtig und was falsch ist. Das hat nichts mit »Sitz, Platz, Fuß« zu tun, sondern mit sozialen Fertigkeiten, die wir neben anderen Fähigkeiten bei Hunden fördern sollten«, erklärt Nadin Matthews. Man könnte es auch so formulieren: »Gut gebundene Hunde erforschen ihre Umwelt und trauen sich selbst etwas zu«, ergänzt sie.

»Coaching und Weiterbildung von Hundetrainern und Hundeschulen«

»Jeder Mensch, egal in welchem Beruf, kommt irgendwann an seine Grenzen. Genau in dieser Situation tut es gut, jemanden zu haben, der einen fordert, fördert und entlastet. Aus dieser Tatsache heraus entstand meine Idee, ein spezielles Coaching anzubieten. Also die Menschen fachlich zu unterstützen, die täglich bei Wind und Wetter herausfinden wollen, wie man dem jeweiligen Menschen mit seinem Hund noch besser hilft«, erläutert Nadin Matthews diesen Teilaspekt ihrer Arbeit. »Meistens hapert es bei Hundetrainern nicht an der fachlichen Kompetenz in Bezug auf die Hunde, sondern eher an der menschlichen Beratungskompetenz. Frustration und ein negatives Menschenbild von Seiten der Berater sind die traurige Folge. Das ist schade, denn es sind in der Regel die Menschen, die in die Beratung kommen und nicht die Hunde. Durch mehr Struktur in Gesprächen

und auch Techniken lassen sich solche Schwierigkeiten im Umgang mit Menschen oft lösen. Und das ist der Ansatzpunkt«, erklärt sie im Folgenden den Kernpunkt des Vorhabens.

Konkret gliedert sich dieses Projekt in zwei Bereiche. Auf der einen Seite können Hundetrainer sich individuell oder in Kleingruppen coachen lassen, auf der anderen Seite gibt es zu spezifischen Themen wie Beratung, Didaktik oder Verhaltenstherapie komplexe Weiterbildungen, die sich an der Praxis orientieren. Die Teilnehmer bekommen fachliche Inputs, einen direkten Theorie-Praxis-Transfer und qualifizierte Rückmeldungen, um ihre Fach- und Beratungskompetenz zu verbessern. »In dem Bereich Weiterbildung ist es nicht entscheidend, wo jemand seine Ausbildung gemacht hat und welche Meinung oder Methode er vertritt. Es geht darum, sich in dem zu verbessern, was man tut und das in einem konkurrenzfreien, geschützten Rahmen.«

»Auch eine Frage der Ethik«

Wenn es darum geht, was Nadin Matthews in der Arbeit mit Hunde ablehnt, wird sie sehr genau: »Arbeitsethik ist ein sehr komplexes Thema und bedarf permanenter Reflexion. Es beantwortet die Frage, ob ein Eingreifen von Seiten des Menschen vertretbar ist und macht uns unsere Verantwortung deutlich. In der normalen Hundeerziehung wird diese Frage nicht deutlich. So lange niemand (auch nicht der Hund) ein Problem hat, kann jeder machen, was er will. Was ist aber mit Hunden, die Menschen schwer verletzen, massiv unter Ängsten leiden oder tagelang wegbleiben, um zu jagen? Da

Das Jagdverhalten eines Hundes kann man nicht »wegtrainieren«, höchstens kontrollierbar machen. Nadin Matthews weiß um lerntheoretische und biologische Grundsätze und kann diese auch vermitteln.

wird es interessant und die Frage nach Ethik steht neben der fachlichen Frage«, erläutert sie.

»Nehmen wir ein Beispiel aus dem Jagdverhalten: Wenige Hundehalter wollen einen jagenden Hund. Lerntheoretisch richtig wäre es, einen Welpen in seiner sensiblen Phase mit einem jagdlichen Reiz zum Beispiel einem Kaninchen zu konfrontieren und ihm den Schreck seines Lebens mit härtesten Mitteln einzujagen. Es wäre der erste Anblick von Wild und der Kleine ist in einer günstigen Lernphase. Wenn dies auch noch generalisiert werden würde, dann könnte man davon ausgehen, dass der Hund in Zukunft nicht jagen gehen wird. Fachlich ist ein solches Vorgehen richtig und erklärbar. Trotzdem würde ich ein solches Training nicht anbieten, weil ich es ethisch nicht vertretbar fände. Andererseits finde ich es auch nicht vertretbar, einen erwachsenen Laufhund ein Leben lang an der Leine zu lassen, weil ich

mich als Trainerin dafür entschieden habe, niemals unterbrechend tätig zu werden. Es geht aus meiner Sicht darum, zwischen den Bedürfnissen des Hundes, des Halters und der Öffentlichkeit zu vermitteln. Es ist der Versuch, allen das höchste Maß an Freiheit einzuräumen, das heißt aber auch, dass keine der drei Seiten seine Bedürfnisse voll befriedigen kann, damit ein Gleichgewicht besteht«, macht Nadin Matthews ihren Standpunkt deutlich und fügt noch hinzu: »Nicht alles, was lerntheoretisch richtig ist, ist ethisch vertretbar.«

»Drei Wünsche«

Sorgen macht Nadin Matthews besonders die Hundezucht, vor allen Dingen das Fördern von Hochbegabten, ohne die anschließende Nutzung dieser Talente. »Hätte ich drei Wünsche in Bezug auf die Hundezucht frei, dann wären diese: 1. In der Hundezucht sollte die Gesundheit, dazu gehört auch ein klarer Kopf, der Hunde an erster Stelle stehen. 2. Wenn man Hunde für »normale« Menschen züchtet, dann sollten diese Hunde Generalisten und keine Spezialisten sein, ansonsten sind Störungen des Hundes oder Probleme bei der Erziehung vorprogrammiert. 3. Wer Spezialisten züchten möchte, der sollte diese auch nur an bestimmte Menschen (z.B. Jäger, Schäfer und Polizisten) abgeben.

Abschließend wünscht sich Nadin Matthews ein wesentlich höheres Maß an Eigenreflexion bei Hundetrainern: »Andere Menschen in sozialen und therapeutischen Berufen haben eine jahrelange Ausbildung zum Thema Beratung. Das nur mal so zum Nachdenken.«

Info: Nadin Matthews

Nadin Matthews beruflicher Ursprung liegt in der Sozialarbeit. Dort hat sie Menschen in schwierigen Lebenssituationen beraten. Sie entwickelte zusammen mit Dr. Erik Zimen und Nicole Kieschnick die Strukturen des CANIS-Studienablaufs und war neun Jahre für die inhaltliche Leitung von CANIS verantwortlich.
2010 gründete sie dogument, um eine neue Ausbildung für HundetrainerInnen und DogwalkerInnen anzubie-ten. Außerdem coacht sie HundetrainerInnen und bildet sie zu spezifischen Themen weiter. Ihr großer wissenschaftlicher Background und ihre didaktische Fähigkeit, dieses Wissen praxisnah zu vermitteln, bilden den Grundstein dieser Veranstaltungen.

Weitere Informationen:
www.dogument.de und
www.nadin-matthews.de

Deutschlands Hundetrainer

Jan Nijboer

Fragen an Jan Nijboer

1. Ihr Name ist? Jan Nijboer.

2. Wie alt sind Sie? 50 Jahre.

3. Von Beruf sind Sie? Hundeerziehungsberater, Dozent für die Fachausbildung zum/zur Hundeerziehungsberater/-in und Buchautor.

4. Aus wem besteht Ihre Familie? Meiner Frau Christiane, meinen 3 Kindern: Sohn Ivo, Tochter Dominique und Sohn Jannick.

5. Welche und wie viele Hunde besitzen Sie? Leonberger-Hündin Jael, Australian-Shepherd-Rüden Belmondo und Saarlooswolfhond-Rüden Nanouk.

6. Welches ist Ihre größte Macke? Mathematik.

7. Wenn Ihre Hunde Menschen wären, welche Berufe hätten sie? Die Leonberger Hündin wäre Bäuerin, der Australian Shepherd Troubleshooter und der Saarlooswolfhond Wildbiologe.

8. Was für ein Hund wären Sie? Ein Beagle.

9. Welchen Prominenten würden Sie gern einmal kennenlernen? Da ich Frans de Waal schon persönlich kennengelernt habe, würde ich gern den Verhaltensforscher Desmond Morris kennenlernen.

10. Wenn Sie König von Deutschland wären, was würden Sie zuerst tun? Ich würde einen Teil der Schweizer Tierschutzverordnung als Gesetz in Deutschland einführen:
Artikel 1. Tiergerechte Haltung:
1. Tiere sind so zu halten, dass ihre Körperfunktion und ihr Verhalten nicht gestört werden und ihre Anpassungsfähigkeit nicht überfordert wird.
2. Fütterung, Pflege und Unterkunft sind angemessen, wenn sie nach dem Stand der Erfahrung und den Erkenntnissen der Physiologie, Verhaltenskunde und Hygiene den Bedürfnissen der Tiere entsprechen.
Mein Fazit: Der Hund muss also so akzeptiert werden, wie er gestrickt ist. Wir sollten die Sicherheit des Hundes gewährleisten. Environmental Enrichment für den Haushund wäre Pflicht.
Artikel 2. Fütterung:
1. Tiere sind regelmäßig und ausreichend mit geeignetem Futter (eine rein vegetarische Mahlzeit für den Hund halte ich für einen Verstoß) und ausreichend mit Wasser zu versorgen. Werden Tiere in Gruppen gehalten, muss der/die Tierhalter/in dafür sorgen, dass jedes Tier genügend Futter und Wasser erhält.
2. Das Futter muss so beschaffen und zusammengesetzt sein, dass die Tiere ihr arteigenes, mit dem Fressen verbundenes Beschäftigungsbedürfnis befriedigen können.
Mein Fazit: Natural Dogmanship® wäre also Pflicht.
3. Lebende Tiere dürfen nur für Wildtiere als Futter verwendet werden; das Wildtier muss das Beutetier wie in freier Wildbahn fangen und töten können. Einem Haustier muss ein angemessener Ersatz für diese Verhaltensformen ermöglicht werden.
Mein Fazit: Da der Haushund kein Wildtier ist; wäre also eine Mäusejagd nicht erlaubt und so etwas wie ein Preydummy® Pflicht.

11. Was war das Peinlichste, das Ihnen je passiert ist? In einem Anamnesegespräch mit zwei Eheleuten, welche beide relativ rabiat mit ihrem Hund umgingen, habe ich, um mehr Verständnis für den Hund zu schaffen, einen Vergleich zur Misshandlung von Frauen durch den eigenen Ehemann gezogen. Auf einmal wurden beide ganz still, wobei der Mann seine Frau ernsthaft fixierte, während sie allmählich rot wurde. Ich habe die Situation zwar mit der Bemerkung überspielt, dass sich die Ehefrau dies selbstverständlich niemals gefallen lassen würde, da Disrespekt für den Körper des anderen automatisch Disrespekt der gesamten Person beinhaltet.

12. Ihr bisher schönster Tag war? Der Tag, an dem ich geboren worden bin, da kann ich mich noch genau dran erinnern.

13. Ihr bisher schlimmster Tag war? Der Tag, an dem meine Mutter gestorben ist.

14. Wie sind Sie auf den Hund gekommen? Interesse an und Respekt vor der Tierwelt habe ich vor meinem Vater vermittelt bekommen. Der erste eigene Hund war ein Tierheimhund, den ich vor der Euthanasie gerettet habe. Ab da hat mich das Thema Hund nicht mehr losgelassen.

15. Was schätzen Sie an anderen Menschen besonders? Ehrlichkeit, Empathie, kurz gesagt: soziale Kompetenz

16. Was ist Ihr Lieblingsgericht? Ich bin Omnivor mit Tendenz zum Karnivor und esse fast alles, liebe aber indonesisches und italienisches Essen am meisten.

17. Was bringt Sie zum Lachen? Ich erfreue mich häufiger an der Logik von Kindern, die noch nicht so kulturgeprägt ist wie die der Erwachsenen. Weil es so entwaffnend ist, bringt es mich oft zum Lachen. Kinder sind in meinen Augen die einzigen Wissenschaftler überhaupt, da für sie nichts selbstverständlich ist!

18. Was bedeutet für Sie Lebensqualität? Lebensqualität bedeutet, dass man ein zufriedener Mensch is und in einer sozialen Matrix lebt, in der jeder so, wie er ist, respektiert wird und nicht anhand einer erbrachten Leistung beurteilt wird. Zudem bedeutet dies für mich, die Möglichkeit zu haben, mich in meiner Arbeit zu entfalten und die Arbeit nicht nur als Beruf, sondern als Berufung ansehen zu können.

19. Was wünschen Sie sich für die Zukunft? Ich wünsche mir, so zufrieden und relativ gesund alt werden zu können wie mein 82-jähriger Vater.

20. Wie lautet Ihr Lebensmotto? Bleibe deinen Prinzipien treu, damit du Respekt vor dir selbst haben kannst. Erst dann kann sich Respekt vor anderen wirklich entwickeln!

21. Was möchten Sie allen Hundehalter/innen gern einmal sagen? Wenn ein Baby in einer Menschenfamilie geboren wurde und schreit, macht sich jede Person sofort über die Bedürfnisse des Neugeborenen Gedanken. Wenn ein Welpe in einer Menschenfamilie landet und bellt, jammert und so weiter, machen sich die meisten Hundehalter/innen oft lediglich darüber Gedanken, wie man dieses störende Verhalten abstellen kann. Hoffentlich hat Ihr Hund Schwein gehabt, und Sie sind für ihn ein guter Ersatz für seine Elterntiere!

Jan Nijboer

Der Mensch als Elternersatz

»Von Menschen
zu Menschen mit Hunden«

Mit schwer erziehbaren Jugendlichen fing alles an. Im Rahmen seiner sozialpädagogischen Arbeit beobachtete Jan Nijboer, was permanenter Druck auf ein Individuum anrichten kann: Nicht selten standen die Jugendlichen unter chronischem Dauerstress, weil sie Tag und Nacht in einer Gruppe Gleichaltriger leben mussten. Rückzugsmöglichkeiten gab es nicht

wirklich, und nennenswerte Lernerfolge ließen auf sich warten. Die Unterbringung der Jugendlichen und die Therapieansätze mussten also komplett geändert werden. »Ich habe mich einfach auf das Wesentliche, also auf den einzelnen Menschen vor mir besonnen und zugehört, um das Handeln der jeweiligen Person zu verstehen«, beschreibt Jan Nijboer seine damalige Erkenntnis.

Gleichzeitig trainierte Jan Nijboer zu dieser Zeit hobbymäßig auf dem Hundeplatz und stellte auch dort bald sein eigenes Handeln in Frage, weil ihm viele Parallelen zu seiner beruflichen Tätigkeit auffielen. Aufmerksames Zuhören und Zuschauen wurde auch auf dem Hundeplatz

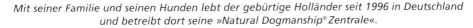

Mit seiner Familie und seinen Hunden lebt der gebürtige Holländer seit 1996 in Deutschland und betreibt dort seine »Natural Dogmanship® Zentrale«.

immer wichtiger, um das Verhalten des Hundes zu verstehen. Als Übungsleiter für das Training von Schutz- und Begleithunden waren Unterordnung, das Erlernen von Sitz, Platz und Fuß wichtige Elemente, die seinen Umgang mit Hunden damals maßgeblich bestimmten. Gerade diese Dinge stellte er nun aber immer häufiger in Frage und wandte sich schließlich ganz davon ab.

»Heute gibt es bei mir keine Unterordnung mehr nur der Unterordnung wegen. Wenn der Hund sich an uns orientieren soll, dann muss für ihn auch erkennbar sein, ob dies für ihn sinnvoll ist. Hundeschulen sollten sich statt mit Unterordnungstraining sinnvollerweise eher mit Führungstraining für Hundehalter/innen

Von Unterordnung im klassischen Sinn hält Jan Nijboer nicht viel. Er möchte, dass der Hund versteht, warum er sich an seinem Menschen orientieren soll.

beschäftigen. Erziehung muss immer zum Vorteil des Hundes geschehen«, sagt Jan Nijboer heute.

Als Vorstandsmitglied eines niederländischen Kynologenvereins war er für den Bereich Hundeerziehung und Ausbildung von Hundeerziehungsberater/innen verantwortlich. Im Rahmen seiner Tätigkeit als Sozialpädagoge trat man schließlich mit der Frage an ihn heran, ob er nicht einen Hund für eine behinderte Frau ausbilden könne. Aus dieser Anfrage und der erfolgreichen Ausbildung des Hundes ergab sich dann der Wunsch, beruflich, also professionell, mit Hunden zu arbeiten.

Um dieses Ziel zu verwirklichen, ließ er sich von Bonnie Bergin aus Kalifornien, der Gründerin von »Canine Companions for Independance (CCI)«, unterweisen, um danach selbstständig Servicehunde ausbilden zu können.

So befasst sich Jan Nijboer mittlerweile seit über zwanzig Jahren hauptberuflich mit der Erziehung und Ausbildung von Hunden. Für die Stiftungen SoHo (Soziale Honden) und SAM (Servicehonden voor Auditiv en/of Motorisch gehandicapten) in den Niederlanden bildete er jahrelang Servicehunde aus und war gleichzeitig Ausbilder für Servicehundetrainer/innen und Hundeerziehungsberater/innen. Zudem war er von 1992 bis 1996 Gastdozent an der niederländischen Universität Groningen für die Studienrichtung »Tiermanagement«. Seit 1996 lebt der gebürtige Holländer nun mit seiner Familie und seinen Hunden in Deutschland und betreibt in Niederwambach (Rheinland-Pfalz) die »Natural-Dogmanship®-Zentrale«, wo er Unterricht und Seminare für Hundehalter/-

innen gibt und eine Fachausbildung zum/zur Hundeerziehungsberater/in und Fortbildungsseminare anbietet.

»Natural Dogmanship® – Neues Denken für Menschen mit Hund«

›Natural Dogmanship®‹ ist die von Jan Nijboer entwickelte Philosophie zur artgerechten Erziehung von Hunden, bei der das natürliche Verhalten des Hundes als Leitfaden dient. Das Einfühlen und Eindenken in die Sichtweise des sozialen Beutegreifers Hund ist dabei wesentlich. Im Arnheimer Zoo in Holland, in dem die Wildtiere in möglichst naturgetreuer Umgebung leben und mit dem natürlichen Nahrungserwerbsverhalten beschäftigt werden, kam ihm in den 80er-Jahren die Idee, auch Hunde auf ähnliche Weise zu beschäftigen. Seiner Meinung nach sollten auch unsere Haushunde die Möglichkeit bekommen, sich über ihr natürliches Nahrungserwerbsverhalten mit dem Partner Mensch zu beschäftigen – gewissermaßen »Environmental Enrichment« für Hunde. Mittlerweile ist dieses in Zoos gängige Prinzip des »Environmental Enrichment« auch für den Haushund in der Schweizer Tierschutzverordnung verankert.

»Mit ›Natural Dogmanship®‹ lernen die Menschen ihren Hund und dessen Bedürfnisse sehr intensiv kennen. Viele Hundebesitzer/innen verstehen erst dann, dass Hunde eher Beschäftigung statt Bewegung brauchen. In erster Linie sind Hunde nämlich soziale Beutegreifer, die gemeinsam mit ihren Rudelmitgliedern jagen und in Sicherheit leben wollen«, sagt Jan Nijboer. »Ein harmonisches Mit-

Mit »Natural Dogmanship®« lernen die Menschen, ihre Hunde besser zu verstehen.

einander von Mensch und Hund ist daher nur dann möglich, wenn die Bedürfnisse beider weitestgehend befriedigt werden und ein gemeinsames Ziel angestrebt wird. Darum werden bei ›Natural Dogmanship®‹ die Instinkte eines Hundes nicht unterdrückt, sondern als seine Talente ganz individuell für die Erziehung genutzt«, beschreibt er die Ausgangsbasis seiner Philosophie.

»Bei ›Natural Dogmanship®‹ geht es um Beziehung und um Erziehung und nicht um

»Natural Dogmanship®« versucht, die natürlichen Bedürfnisse des Hundes zu befriedigen.
Jan Nijboer hat mit dem »Preydummy®« eine Möglichkeit entwickelt, Hunde artgerecht zu beschäftigen.

irgendwelche Tricks oder starre Trainingsmethoden. ›Natural Dogmanship®‹ beginnt im Kopf. Es ist eine Denkweise, bei der man den Hund nicht nur auf seinen Sozialinstinkt beschränkt, wie es heutzutage ja leider häufig der Fall ist: Der Hund soll nicht jagen und nicht den Briefträger verscheuchen. Er darf zwar mit der Nachbarshündin spielen, decken aber darf er sie nicht. Übrig bleibt: Er darf lieb, nett und brav sein. Er soll sich selbst beschäftigen und gehorsam sein. ›Natural Dogmanship®‹ möchte unter Berücksichtigung der Biologie des Hundes zumindest versuchen, seine natürlichen Bedürfnisse so weit wie möglich auf eine Weise zu befriedigen, die gleichzeitig die Beziehung zwischen Mensch und Hund verbessert. Der Mensch soll versuchen, die Welt eines Hundes zu verstehen, und nicht immer nur erwarten, dass der Hund sich seiner Welt anpasst«, erläutert Jan Nijboer die Grundgedanken von ›Natural Dogmanship®‹.

»Soziale Kommunikation zwischen Mensch und Hund«

Problemhunde gibt es selten, sondern in der Regel Hunde mit Problemen, da ist sich Jan Nijboer ganz sicher. Er sieht die arttypischen Verhaltensmuster eines Hundes, die von vielen Hundehaltern als störend empfunden werden, nicht als Last, sondern als Kapital. »Es geht mir nicht darum, dem Hund ein ›Fehlverhalten‹ abzugewöhnen. Vielmehr mache ich mir Gedanken darüber, wie der Mensch seinem Hund

gerecht werden kann. Und das kann von Fall zu Fall unterschiedlich sein. Unbefriedigte Bedürfnisse eines Hundes sind häufig der Ursprung für alle möglichen Formen von Problemverhalten«, meint er.

Die Schwierigkeit liegt seiner Meinung nach darin, dass der Mensch etwas von seinem Hund verlangt, das dieser aber anders sieht oder oft nicht versteht. »Problematisch ist also eher das Verständnis für den Hund«, meint Jan Nijboer. »Viele Verhaltensformen des Hundes haben kommunikativen Charakter, werden aber von Hundebesitzern oft nicht als solche erkannt – beispielsweise das Schnuppern und Markieren.«

»In der Mensch-Hund-Beziehung, die ich bewusst mit der Eltern-Kind-Beziehung vergleichen möchte, sollte der Mensch der beziehungsweise die Erzieher/in sein«, sagt Jan Nijboer. Einen wesentlichen Unterschied räumt er dennoch ein: Während man Kinder in Hinblick auf spätere Selbstständigkeit erzieht, sollte ein Hund sein Leben lang in einer vom Menschen gewollten Abhängigkeit gehalten werden, stellt der Begründer von »Natural Dogmanship®« deutlich heraus. »Unsere komplexe Gesellschaft lässt es nicht zu, dass Hunde selbstständig und unabhängig handeln«, ergänzt er.

Würde man die Selbstständigkeit seines Hundes anstreben, sollten auch die selbstständig

Unbefriedigte Bedürfnisse führen auf Dauer zu Problemverhalten des Hundes.

genommenen Entscheidungen des eigenen Hundes respektiert werden. Nach Meinung von Jan Nijboer ist es für einen Haushund kaum nachzuvollziehen, wieso man ihn laufen lässt, er aber dann, wenn er – typisch Kanide – gelegentlich Hatz auf Beute macht, auf einmal gehorsam zurückkehren soll. Besser wäre es, das »Wir-Gefühl« durch gemeinsame Beschäftigungen mit dem eigenen Hund zu festigen. Erziehung ist ein kontinuierlicher Prozess. Der Mensch müsste bei diesem Prozess als Vorbild agieren, da seine Handlungen im Wesentlichen das Verhalten des Hundes bedingen sollten. »Nach der Philosophie von ›Natural Dogmanship®‹ ist das Selbstlernprinzip durch Versuch und Irrtum also sehr unpassend, da es eher die Selbstständigkeit und Unabhängigkeit des Hundes fördert.« Das Prinzip des Leckerchen-Trainings lehnt Jan Nijboer ebenso ab: »Ein solches Training hat nichts mit einer partnerschaftlichen Beziehung

zwischen Mensch und Hund zu tun, es ist eher eine Art ›Geschäftsbeziehung‹. Wenn der Hund ein Kommando befolgt, tut er dies lediglich für ein Leckerchen. Er wird für seine geleisteten Dienste bezahlt. Dies entspricht einer Produzenten-Konsumenten-Beziehung, in der das ›Wir-Gefühl‹ auf der Strecke bleibt. Ab der Sozialisierungsphase spielt jedoch das soziale Lernen bei Hunden eine Hauptrolle. Die Motivation hierbei ist das tief verwurzelte Bedürfnis nach Sicherheit, welches das Streben nach Zugehörigkeit und sozialer Anerkennung antreibt. Gemeinsames Handeln mit der Orientierung auf ein gemeinsames Ziel schafft eine viel engere Beziehung«, erläutert Jan Nijboer.

»Außerdem lernen Mensch und Hund sich auf diesem Weg viel besser und intensiver kennen. Durch reines Befolgen von Befehlen wird vom Hund verlangt, sein eigenes Denken und seine

Wer einen selbstständigen Hund möchte muss auch ertragen, wenn dieser seine vermeintliche Freiheit auch auf Bereiche ausdehnt, die seinem Besitzer nicht passen.

eigene Persönlichkeit auszuschalten. Das schafft weder Vertrauen noch wird der Hund einen Sinn darin sehen, seinem Menschen zu folgen. Sieht der Hund also einen Sinn in den gemeinsamen Handlungen mit seinem Menschen, wird sich nicht nur die Kommunikation zwischen beiden verbessern, sondern der Hund dem Menschen geistig und somit auch körperlich folgen können«, erklärt Jan Nijboer.

Jan Nijboer geht mit seinen Hunden gemeinsam auf die Jagd – als Beute dient der »Preydummy®«.

»Gemeinsame Jagd«

Die Erziehungsprinzipien von »Natural Dogmanship®« basieren darauf, dass der Hund von uns Menschen weitestgehend das lernt, was er sonst von seinen Elterntieren lernen würde. Das Lernen ist somit auch im Interesse des Hundes, daher kann er uns als Vorbild betrachten.
»Wir gehen gemeinsam mit dem Hund ›auf die Jagd‹. Als Beute dient dabei ein ›Preydummy®‹,

ein mit Hundefutter gefüllter Futterbeutel, den der Hund apportieren oder suchen darf. Da der Mensch dabei mit ›Survival-Training‹ für den Hund beschäftigt ist, spielt der Mensch für den Hund eine zentrale Rolle in dem Erlernen von lebenspraktischen Fertigkeiten.«

Aber ganz von vorn: Jeder Hund ist territorial veranlagt, der eine mehr, der andere weniger.

Hunde sind nach Meinung des holländischen Hundetrainers keine Lauftiere, auch wenn das immer wieder behauptet wird. Er spricht eher von einem »Tatendrang«.

Das Sichern eines Territoriums hat immer auch mit dem Absichern von Ressourcen und mit der eigenen Sicherheit zu tun. Eine der wichtigsten Ressourcen ist die Nahrung. Ist der Mensch also gemeinsam mit seinem Hund damit beschäftigt, Nahrung zu beschaffen, beeinflusst dieses Verhalten auch indirekt das Territorialverhalten des Hundes. Hat der Hund verstanden, dass er nur in Zusammenarbeit mit seinem Besitzer Beute machen kann und dass die Nahrungsressourcen durch die Jagd ausreichend gesichert sind, wird auch sein Territorialverhalten schwächer. »An dieser Grundsätzlichkeit erkennt man, wie die Instinkte eines Hundes ineinandergreifen und wie eng sie miteinander verwoben sind.« Jan Nijboer versucht mit seiner Philosophie, der Biologie des Hundes so nahe wie möglich zu kommen. Da der Hund in der Regel in unserer Kulturlandschaft keine lebende Beute mehr jagen darf – ausgebildete Jagdhunde einmal ausgenommen –, muss folg-

lich ein Ersatz her. Hier kommt Jan Nijboers Idee des »Preydummys®« zum Einsatz. An diese »Ersatzbeute« kann sich angepirscht werden, der Hund kann sie jagen, greifen und in letzter Konsequenz auch »töten«.

Ursprüngliche Verhaltensweisen kann der Hund dadurch auf alternative Weise voll ausleben. »Der Futternapf ist, so wie im Zoo und in Tiergärten, eine neuzeitliche Kulturschande«, meint Jan Nijboer schmunzelnd. »Er macht es den Menschen viel zu leicht, den Hund zu füttern. Außerdem macht er die biologische Uhr des Hundes kaputt. Jagen – fressen – verdauen, das wäre der natürliche Ablauf. Der heutige Hundehalter/in missachtet diese biologischen Gesetzmäßigkeiten jedoch massiv«, bedauert Nijboer. »Hunde müssen laufen, sie sind Lauftiere«, heißt es in der gängigen Literatur und aus dem Munde vieler Hundetrainer/innen, weshalb die meisten Hundehalterinnen und -halter oft stundenlang mit ihren Hunden spazieren gehen. Ein Hund will aber nicht spazieren gehen, er hat kein Bewegungsbedürfnis, sondern einen Tatendrang, wie zum Beispiel zu jagen, was viele Menschen jedoch nicht verstehen. Nach einem normalen Spaziergang kehrt ein Hund frustriert nach Hause zurück, weil seine Grundbedürfnisse nicht erfüllt wurden. Daheim bekommt er dann sein Futter aus dem Napf, ohne dafür gejagt zu haben – armer Hund. Bei der gemeinsamen »Jagd« von Mensch und Hund geht es weniger um die Quantität als um die Qualität der Beschäftigung«, meint Jan Nijboer. »Man muss nicht täglich zwei Stunden mit dem Hund nach Beute suchen, das ist nicht der entscheidende Punkt. Die wahre Herausforderung kommt in dem Moment, in dem die Jagd auf den ›Preydummy®‹ wirklich beginnt. Dann setzt der Hund alle seine Sinne ein, ist konzentriert und in positiver Weise unter Spannung. Konzentriert sich der Mensch in gleicher, intensiver Art und Weise auf die Beute, kommt eine feine und abgestimmte Kommunikation zustande, da Mensch und Hund das gleiche Ziel verfolgen und nur zusammen zum Erfolg kommen können«, beendet er seine Ausführung zu diesem Punkt.

Hunde erfüllen heute viele Rollen: Sie sind Kind- und Partnerersatz, Sportfreund oder Statussymbol. Jan Nijboer spricht sich vehement gegen diesen Trend aus.

»Natural Dogmanship® als Verständigungsprozess«

Der einstige Jagdgehilfe des Menschen erfüllt heute vielfach nur noch eine vorwiegend sozialemotionale Rolle. Er ist Kind- oder Partnerersatz, Sportpartner oder einfach nur Statussymbol.
»Hunde sind heute vielfach Opfer von Mensch-Hund-Beziehungen, in welchen die Nöte und Bedürfnisse des Tieres nicht erkannt werden. Wenn ein Hund problematische Verhaltensweisen zeigt, dann ist er mit der Lösung seiner inneren Konflikte beschäftigt. Macht ein Hund keinerlei Schwierigkeiten, bewerten viele Menschen die Beziehung zu ihrem Hund automatisch als positiv. Das muss aber nicht unbedingt stimmen. Die Beziehung ist in diesem Fall nur dann positiv, wenn die Interessen beider Seiten beachtet werden«, argumentiert Jan Nijboer. »Natural Dogmanship®« wirklich zu

Jan Nijboer lehnt die Hilfsmittel im Hundetraining ab, die zur »Verunsicherung auf Distanz« verwendet werden.

sich zuallererst das Verhalten des Menschen ändern. Davor schrecken jedoch viele Menschen zurück. Dabei birgt es faszinierende Chancen zugunsten von Mensch und Hund«, sagt Jan Nijboer voller Überzeugung.

Den Lern- und Denkprozess, den er anregen möchte, umschreibt er mit einfachen Worten: »Menschen gehen sehr unterschiedlich mit ihren Hunden um. Das akzeptiere ich, auch wenn ich persönlich einige Dinge nie machen würde. Hundebesitzer/innen kommen aber meistens mit positiven Absichten zu mir. Sie wollen eine Veränderung, wissen aber nicht, wie sie es anstellen sollen. Das nötige Wissen in Praxis und Theorie bekommen sie dann von mir. Der Umlenkungsprozess im Denken und Handeln der Hundebesitzer/innen braucht Zeit und Geduld, das ist normal«, weiß Jan Nijboer aus persönlicher Erfahrung.

»Ohne Hilfsmittel geht es nicht«

»Ohne Hilfsmittel geht es in der Hundeerziehung nicht. Das fängt ja schon mit Halsband und Leine an. Natürlich ist es auch meine Zielsetzung, so schnell es geht ohne Leine auszukommen. Aber die Begrenzung eines Hundes gehört eben auch zur Erziehung. Dabei geht es in erster Linie doch um beschützendes Denken und Handeln. Bei allen sozial lebenden Säugetieren sind die Elterntiere in der Erziehungsphase schneller als ihr zu erziehender Nachwuchs, daher benötigen sie auch keine Leine. Die Leine ist eine Begrenzung, die deshalb gerade in der Erziehungsphase sehr wichtig ist. Ohne Begrenzung kann man nicht vorbeugen. Aber mit dem »An-die-Leine-Nehmen« haben

verstehen, bedeutet für viele Menschen, einen langen Prozess zu durchlaufen. Und das liegt nach Meinung von Jan Nijboer zu einem großen Teil an den tief verwurzelten Dogmen in unserer Gesellschaft: Ein Hund braucht enorm viel Bewegung, mindestens zwei Mal täglich zu festen Zeiten sein Futter und einen möglichst gleichbleibenden Tagesablauf. Da schüttelt es Jan Nijboer.

»Ich bringe die Menschen dazu, gefestigte Muster und Strukturen zu hinterfragen und ihren Hund intensiver zu beobachten. Soll das Verhalten des Hundes geändert werden, muss

Eine gründliche und intensive Vorarbeit ist für Jan Nijboer besonders wichtig. Sie lässt Probleme zwischen Mensch und Hund im Idealfall gar nicht erst entstehen.

eine deutliche Führungsposition übernimmt. Dem kleinen Hund bleibt also nichts anderes übrig, als sich hauptsächlich selbst zu erziehen«, weiß Jan Nijboer aus leidvoller Erfahrung.

»Schützende Hilfsmittel setze ich also ein, lehne aber alle Hilfsmittel ab, die zur »Verunsicherung auf Distanz« verwendet werden, beispielsweise Sprühgeräte oder gar Reizstromgeräte. Diese Hilfsmittel lassen den Hund über die Quelle der Bestrafung im Ungewissen. Sie funktionieren daher nur dann, wenn man es geschafft hat, den Hund effektiv zu traumatisieren. Das hat dann alles nichts mehr mit Erziehung, sondern nur noch mit gefügig machen zu tun«, sagt er mit Nachdruck. »Ein so soziales Lebewesen wie der Hund hat aber das Recht darauf zu wissen: Wer tut was mit mir und warum?«

»Gute Vorarbeit statt andauernder Verbote«

Jan Nijboer legt bei seiner Arbeit mit Menschen und Hunden besonders viel Wert auf eine gründliche und intensive Vorarbeit.

»Wer einen guten Grundstein in der Erziehung legt, braucht später keine andauernden Verbote aussprechen. Dafür kreiere ich von Welpenalter an viele natürliche Beschäftigungsmöglichkeiten für den Hund. Auch setze ich von Anfang an klare Grenzen. Tue ich das nicht, »schwimmt« er und hat keine Orientierungsmöglichkeit. Häufig macht der Hund dann, spätestens wenn er geschlechtsreif wird, was er will. Er ist dann selbstständig, was nicht automatisch bedeutet, dass er dominant ist. Erst

viele Hundebesitzer ein großes Problem, sie möchten ihren Hund in seiner Freiheit nicht einschränken«, sagt Jan Nijboer mit gerunzelter Stirn. »Aber gerade bei der Erziehung eines Welpen muss ich als Hundebesitzer doch umsichtig und vorausschauend denken und dafür sorgen, dass die Welt so langsam größer wird, dass der Hund den Anforderungen auch gerecht werden kann. Häufig geschieht es aber genau andersherum: Der Welpe kommt zu seinem Menschen und wird dann plötzlich Vollwaise. Er macht sich auf die Suche nach Ersatzeltern, nach Orientierungsmöglichkeiten. Aber da ist niemand, der die Elternrolle oder

wenn der Hund innerhalb der Mensch-Hund-Beziehung den Menschen begrenzt und oft für beide die Initiative ergreift, würde ich von einer dominanten Rolle des Hundes sprechen. Dominanz wird häufig mit Aggression, Macht und Unterdrückung assoziiert, dabei geht es lediglich um Vorbildverhalten und darum, Sicherheit zu gewährleisten. Ein Hund, der mit uns lebt, hat ein Recht darauf, sich mit einem sicheren Gefühl an jemandem orientieren zu können, und darauf, dass dieser Jemand die Führungsrolle übernimmt und somit Dominanz zeigt. Dabei wird zwischen aktiver und passiver Dominanz unterschieden. Aktiv bedeutet beispielsweise, lehrend tätig zu sein und Grenzen zu setzen. Passiv bedeutet unter anderem Souveränität, Toleranz und Vorbildverhalten zu zeigen. Das alles ist ein kontinuierlicher Prozess, der viel Geduld, Konsequenz und Einfühlungsvermögen erfordert. Hundebesitzer, die nur ein funktionierendes Produkt haben wollen, sehen den Hund letztendlich nicht als Sozialpartner, sondern benutzen ihn wie einen beliebigen Gebrauchsgegenstand. Wenn das Produkt nicht mehr funktioniert, muss es repariert werden. Viele Menschen sind sich nicht ausreichend darüber bewusst, welche Bedürfnisse ein Hund hat. Bei anderen Tieren informiert man sich besser, der Hund ist da die ewige Ausnahme, er soll sich schließlich anpassen. Wer sich allerdings für das Zusammenleben mit dem hochsozialen Lebewesen Hund entscheidet, der muss auch gewillt sein, dessen Verhalten zu verstehen und sich damit auseinanderzusetzen«, fordert Jan Nijboer.

Info: Jan Nijboer

Jan Nijboer, Jahrgang 1960, ist der Begründer von »Natural Dogmanship«, einer Philosophie zur artgerechten Hundeerziehung. Mittelpunkt dieser Philosophie ist die Einstellung, dass Hunde in erster Linie soziale Jäger und Beutegreifer sind, die mit ihren Rudelmitgliedern in Sicherheit im eigenen Territorium leben und jagen möchten. Grundlegend ist dabei der Gedanke, dass Hunde heute ohne ihre ursprünglichen Aufgaben auf die Rolle des Sozialpartners reduziert werden. »Natural Dogmanship« spricht die natürlichen Instinkte des Hundes direkt an und nutzt sie für die Erziehung – Menschen und Hunde lernen, eine gemeinsame Sprache zu sprechen. Seit 1996 lebt und arbeitet Jan Nijboer als Hundeerziehungsberater und Ausbilder von Hundeerziehungsberater/-innen in Deutschland. In Windeck gründete er die Internationale Natural Dogmanship®-Zentrale, in der er Seminare für Hundebesitzer anbietet und Hundeerziehungsberater/-innen sowie Natural Dogmanship®-Instruktoren und -Instruktorinnen aus- und fortbildet. Im April 2007 verlegte er seinen Firmensitz nach Niederwambach. Weitere Informationen: www.natural-dogmanship.de

Deutschlands Hundetrainer

Martin Rütter

Fragen an Martin Rütter

1. *Ihr Name ist?* Martin Rütter.

2. *Wie alt sind Sie?* 40.

3. *Von Beruf sind Sie?* D.O.G.S.-Coach.

4. *Aus wem besteht Ihre Familie?* Frau und 4 Kinder und Golden-Retriever-Hündin Mina.

5. *Welche und wie viele Hunde besitzen Sie?* Einen Hund, Mina.

6. *Welches ist Ihre größte Macke?* Die gleiche Marke, die auch zugleich meine größte Stärke ist: meine Kreativität und die Leidenschaft für meinen Beruf.

7. *Wenn Ihre Hunde Menschen wären, welche Berufe hätten sie?* Rentner.

8. *Was für ein Hund wären Sie?* Ein Mischling aus Terrier (ich kann extrem hartnäckig sein), einem Golden Retriever (ich bin mit Futter und Spiel leicht zu motivieren) und einem Australian Cattle Dog (ich bin sehr aktiv und weiß, wann's drauf ankommt).

9. *Welchen Prominenten würden Sie gern einmal kennenlernen?* Gott.

10. *Wenn Sie König von Deutschland wären, was würden Sie zuerst tun?* Ich finde Monarchie höchstens als Satire und Comedy geeignet.

11. *Was war das Peinlichste, das Ihnen je passiert ist?* Als ich im Nachhinein erfahren habe wie »ungehobelt« meine Frau es fand, dass ich ihr beim ersten Rendezvous das halbe Essen aufgegessen habe. Dabei hatte ich doch nur ein wenig probiert…

12. *Ihr bisher schönster Tag war?* Die schönsten Tage in meinem Leben waren die Tage, an denen meine Kinder geboren wurden.

13. *Ihr bisher schlimmster Tag war?* Ist mir keiner bewusst als besonders schlimm in Erinnerung.

14. *Wie sind Sie auf den Hund gekommen?* Mich hat als Jugendlicher bereits fasziniert, dass meine Tante, die Hunde wie Menschen behandelt, ständig Problemhunde hatte, aber Obdachlose stets zufriedene, entspannte Hunde hatten. Bereits da fand ich das Phänomen der Beziehung zwischen Mensch und Hund extrem spannend.

15. *Was schätzen Sie an anderen Menschen besonders?* Humor, Zielstrebigkeit und Kreativität.

16. *Was ist Ihr Lieblingsgericht?* Sushi.

17. *Was bringt Sie zum Lachen?* Wenn die Kinder morgens um 6 am Bett stehen und bereits vollster Überzeugung sind, dass jetzt und sofort der richtige Zeitpunkt ist zum Spielen.

18. *Was bedeutet für Sie Lebensqualität?* Den ganzen Tag mit meiner Familie zu verbringen und zu beobachten, wie glücklich Kinder mit Kleinigkeiten sein können.

19. *Was wünschen Sie sich für die Zukunft?* Dass der gewaltfreie, beziehungsorientierte Weg in der Hundeerziehung, den ich propagiere, sich immer weiter durchsetzt und die überholten Drillmethoden, die leider immer noch stattfinden, irgendwann verschwinden. Ich wünsche mir, dass meine Kinder später Kettenhalsbänder nur noch aus dem Museum kennen werden.

20. *Wie lautet Ihr Lebensmotto?* Vorne rechts ist Gas!

21. *Was möchten Sie allen Hundehaltern gern einmal sagen?* Dass Hunde Persönlichkeiten sind, die es verdient haben, dass wir Menschen uns mit ihren Wünschen, Stärken und Schwächen beschäftigen.

Martin Rütter

Sanft aber bestimmt mit Hunden, deutlich und unmissverständlich mit Menschen

▌ »Bereitschaft zur Reflexion wecken«

Wer mit seinem Hund bei Martin Rütter und dessen Team war, der nimmt aus dem Training in erster Linie eines mit: Das Bewusstsein in Bezug auf den eigenen Hund ist besser, intensiver, sensibler. Frauchen und/oder Herrchen haben mit Unterstützung des »Zentrum für Menschen mit Hund« erkannt, wo des Pudels Kern sitzt. Sie haben Verständnis für die Probleme ihres Hundes entwickelt und können nun gezielt an deren Lösung herangehen, egal ob in Eigenregie oder mit professioneller Hilfe. »Hilfe zur Selbsthilfe« nennt Martin Rütter das. Der Schwerpunkt seiner Arbeit liegt darin, Hund und Halter richtig einzuschätzen, um dann ein individuelles Trainingskonzept zu entwickeln.

»Als Grundvoraussetzung für eine gemeinsame Arbeit müssen Hundebesitzer bereit sein, ihr eigenes Verhalten zu überdenken. Und das ist nicht immer einfach, da sie sich ja eingestehen müssen, dass da etwas nicht klappt und dass das etwas mit ihnen selbst zu tun hat. Daher

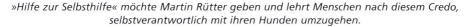

»Hilfe zur Selbsthilfe« möchte Martin Rütter geben und lehrt Menschen nach diesem Credo, selbstverantwortlich mit ihren Hunden umzugehen.

Martin Rütter möchte die Wahrnehmung von Menschen in Bezug auf ihre Hunde schulen und legt dabei viel Wert auf Details.

Auf Selbstbeweihräucherung verzichtet Martin Rütter gerne. Im Vordergrund stehen für ihn immer Mensch und Hund.

respektiere ich es ungemein, wenn Menschen diesen Schritt gehen und professionelle Hilfe in Anspruch nehmen«, sagt Martin Rütter anerkennend. Es liegt dem erfolgreichen Hundetrainer aus dem Rheinland sehr am Herzen, die Kommunikation zwischen Menschen und deren Hunden zu verbessern. Dafür müssen die Hundebesitzer ihre Hunde aber erst einmal kennen, also deren Verhalten genau beobachten, um überhaupt mögliche Fehler und Problemquellen auch als solche zu registrieren. Um dieses Bewusstsein und die Fähigkeit zur Analyse entwickeln zu können, lernen die Hundebesitzer bei Martin Rütter in erster Linie, dass die Sprache der Hunde eine »leise Sprache« ist. »Meine D.O.G.S.-Coaches und ich unterrichten die Menschen in dieser Sprache und zeigen ihnen, wie sie mit ihrem vierbeinigen Gefährten eindeutig kommunizieren und zu einem harmonischen Team werden können«, beschreibt Martin Rütter seine Arbeitsweise. »Der Mensch lernt also, das Verhalten seines Hundes zu verstehen, und gewinnt neue Er-

kenntnisse über das partnerschaftliche Zusammenleben. Mein Ziel ist es, dass Mensch und Hund zu einem Team zusammenwachsen, in dem sich beide Partner aufeinander verlassen können, ihren Platz und ihre Regeln kennen und einander vertrauen«, erklärt der Hundetrainer und Tierpsychologe. »Niemals darf es darum gehen, den Hund mit Gewalt zu beherrschen. Ausschlaggebend sind klare Strukturen, die dem Hund zeigen, dass der Intelligentere die Führung übernimmt und nicht der Stärkere.«

»Der Erfolg liegt im Detail«

Martin Rütter ist ein Perfektionist – zum Wohle der Hunde. Seine Detailarbeit beginnt bereits in der Welpengruppe. Wer glaubt, er könne sich seinen Welpen schnappen, ihn eine Stunde mit Betreuung spielen lassen und sich nebenbei noch nett mit den anderen »Hundeeltern« unterhalten, der ist hier an der falschen Stelle. Jede Welpengruppe wird gefilmt. Sowohl die Aktionen der kleinen Vierbeiner als auch die

Manöver der Hundebesitzer werden auf Video festgehalten und später gemeinsam mit den D.O.G.S.-Coaches analysiert. Hierbei handelt es sich nicht um ein nettes Zusatzangebot, sondern um ein Muss. Der Besuch einer Welpengruppe ist immer mit Einzelunterricht und Videoanalysen verbunden. »Die Leute sollen sich, ihre Hunde und ihre Fehler mit eigenen Augen sehen können. Nur dann verstehen sie auch nachhaltig und für die Zukunft, was da wie und warum falsch oder richtig läuft«, betont Martin Rütter. »Ich finde es ethisch-moralisch nicht vertretbar, wenn Menschen sich einen Hund anschaffen, ihn aber nicht verstehen wollen, können oder schlicht und einfach zu faul dafür sind. Das gibt es bei mir nicht. Ich will, dass die Menschen ein Bewusstsein für die Probleme ihres Hundes entwickeln. Gelingt mir das, so habe ich schon viel erreicht.«

Um diese Wahrnehmung bei den Menschen zu schulen, legt Martin Rütter viel Wert auf jedes kleine Detail, auf jede Nuance in seiner Arbeit mit Hund und Hundebesitzer. Der Erfolg gibt ihm recht. »Hat ein Mensch-Hund-Gespann bei uns von Anfang an mitgemacht, so sehe ich es meist die nächsten zehn Jahre nicht wieder. Die Beziehung der beiden ist geklärt, und sie verstehen einander. Und das liegt nur an der intensiven Detailarbeit und Schulung des Hundebesitzers von Anfang an.«

»Der Mensch im Vordergrund«

Trotz aller Begeisterung für die Arbeit mit Hunden steht der Mensch für Martin Rütter im Vordergrund. Natürlich geht es stets um ein beziehungsorientiertes Arbeiten mit Mensch und Hund, die Bedürfnisse, Ängste, Emotionen und Fähigkeiten des einzelnen Menschen stehen aber immer an erster Stelle. Hat ein Mensch beispielsweise Angst vor einer bestimmten Situation oder möglichen Reaktion seines Hundes, so werden die Arbeitsschritte kleiner gemacht. Denn das Allerwichtigste ist für Martin Rütter, dass sich die Menschen bei

Wer lediglich eine stumpfe Symptom-behandlung möchte, der ist bei Martin Rütter an der falschen Adresse – er packt die Problem an der Wurzel.

der Arbeit mit dem Hund wohl und sicher fühlen. Vor jeder Trainingsstunde wird daher zunächst festgestellt, was Hund und Halter alles können und wo die Probleme sitzen. Klappt etwas sehr gut, so wird daran nichts verändert. Dazu gehört auch, dass bestimmte Rituale oder bestehende Wörter zwischen Hund und Halter niemals geändert werden, sofern sie funktionieren. Sagt jemand anstatt »Platz« beispielsweise immer »Lay down«, und es klappt – warum sollte man es dann auch ändern? Martin Rütter würde niemals gut funktionierende Wörter eines Mensch-und-Hund-Gespanns ablehnen, nur um dann mit seinen »eigenen« Begriffen zu arbeiten.

»Auf so eine Selbstbeweihräucherung kann ich gut und gerne verzichten. Im Vordergrund steht das individuelle Mensch-Hund-Gespann, nicht der Hundetrainer«, betont Martin Rütter. »Daher kann es also passieren, dass ich einem

Martin Rütter begegnet Menschen mit Respekt. Egal ob es sich dabei um Mitarbeiter, oder um Kunden handelt.

Hundehalter einen Trainingsweg nahe lege, von dem ich einem anderen abraten würde.«

»Keine Symptombehandlung auf Kosten der Hunde«

»Ich habe einen sehr hohen Anspruch an den Menschen. Ein Hundebesitzer muss bereit sein, ein Problem auch lösen zu wollen, den Hund verstehen zu wollen. Stumpfe Symptombehandlung lehne ich strikt ab. Kommt jemand zu mir und möchte einfach nur möglichst schnell ein Problem mit seinem Hund gelöst haben, dann dauert das Gespräch keine drei Minuten mehr. Tschüss und auf (nimmer) Wiedersehen, das war's. Da mache ich keine Kompromisse«, sagt Martin Rütter sehr deutlich.

Die früher alltägliche und heute immer noch gängige Praxis, einen Hund zur Ausbildung abzugeben, kommt für Martin Rütter ebenfalls nicht in Frage. Das ist seiner Meinung nach schlicht und einfach unseriös. Unseriös deshalb, weil ein Versprechen gegeben wird, welches von vornherein unhaltbar ist. »Es kann sich für den Menschen langfristig keine Verbesserung im Zusammenleben mit dem Hund ergeben, weil ja ein fremder Mensch seinen Hund trainiert. Dazu sind Hunde viel zu beziehungsorientiert. Außerdem ist es ja auch meistens der Hundehalter, der eine Schulung braucht, nicht der Hund«, so Rütter. Aber nicht nur an die Menschen und deren Hunde stellt Martin Rütter hohe Anforderungen. Auch seine Mitarbeiter wählt er mit großer Sorgfalt aus. Wie und nach welchen Kriterien die Mitarbeiter für das D.O.G.S.-Team ausgewählt werden, ist ganz einfach: »Mein Bauchgefühl hat mich noch nie getrogen! Und mit dem steht und fällt letztendlich die Entscheidung, ob jemand ins Team passt oder nicht«, gibt der Rheinländer ganz offen zu. Neben diesem Bauchgefühl gibt es aber auch noch einige andere Dinge, die passen müssen. »Meine Mitarbeiter müssen eine hohe Affinität zu Menschen haben, das ist eine Grundvoraussetzung. Ein K.o.-Kriterium ist es, wenn Bewerber mir erzählen, sie wären von anderen Menschen enttäuscht worden und wollten daher mit Hunden arbeiten, denn die seien ja sowieso die besseren Menschen. Solche Leute können dann gleich wieder gehen und sollten sich mal lieber einer Therapie unterziehen, anstatt mit Hunden und vor allen Dingen mit Menschen arbeiten zu wollen«, sagt Martin Rütter ernst. Für wichtig erachtet er außerdem eine gewisse Lebenserfahrung und ein bestimmtes Bildungsniveau. Wenn das alles passt, dann sind die Weichen für eine erfolgreiche Zusammenarbeit gestellt. Denn schließlich betrachtet er seine Mitarbeiter als gleichwertige Experten auf Augenhöhe und nicht als funktionierende Befehlsempfänger.

Inzwischen betreibt Martin Rütter ein deutschlandweites Netzwerk von Zentren für Menschen mit Hund. Seine D.O.G.S.-Coaches vor Ort durchlaufen zunächst ein intensives Studium, das aus 220 Ausbildungstagen und fundierter Wissensvermittlung in Theorie und Praxis besteht.

Auch wenn er häufig als »Hundeflüsterer« bezeichnet wird, so sieht Martin Rütter sich anders: »Ich flüstere nicht mit Hunden, ich kommuniziere.«

»Gewaltfrei und Leise«

«Als ich vor über 16 Jahren begann, mich mit der Mensch-Hund-Beziehung intensiver zu beschäftigen, stellte ich schon bald fest, dass alle üblichen Trainingsformen auf Hundeplätzen ein gemeinsames Grundproblem hatten: lautstarke Kommunikation! Da wurde gebrüllt, an der Leine geruckt, und der Hund wurde niedergemacht. Fast immer waren die Menschen lauter als die Hunde«, erzählt Martin Rütter rück-

*Starken psychischen Druck findet Martin Rütter genauso verwerflich, wie körperliche
Misshandlungen. Für ihn stehen Respekt und Achtung vor dem Sozialpartner Hund immer
an erster Stelle.*

blickend. »Dabei benutzen Hunde leise und fein nuancierte Gesten, um miteinander zu kommunizieren. Heute schule ich die Menschen deshalb darin, eine leise und ruhige Sprache einzusetzen, wenn sie sich dem Hund gegenüber verständlich machen wollen. Es ist weder nötig, einen Hund anzuschreien, noch ihn körperlich hart anzufassen«, sagt der Hundepsychologe.

Vielleicht kommt daher ja auch die Bezeichnung des »Hundeflüsterers«, die Martin Rütter allerdings gar nicht so gern hört. »Ich flüstere ja nicht mit den Hunden, ich kommuniziere nur leise mit ihnen. Mehr braucht man auch nicht, um sich mit Hunden zu verständigen. Flüstern

hat immer so etwas Geheimnisvolles. Aber das ist es ja nicht. Im Gegenteil. Die Kommunikation von Hunden ist klar und deutlich, die Menschen müssen nur lernen, sie zu verstehen.« Alle bisher genannten Teilaspekte der Arbeit von Martin Rütter und seinem Team fließen in der Trainingsphilosophie von D.O.G.S. (Dog Orientated Guiding System = am Hund orientiertes Führungssystem) zusammen. Aus Mensch und Hund ein Team zu formen, ist das erklärte Ziel dieser Philosophie. Um das zu erreichen, wird in der Ausbildung von Hund und Halter äußerst genau auf die biologischen und die individuellen Voraussetzungen des jeweiligen Hundes geachtet. Gewalt gibt es nicht, ebenso wenig wie das

Martin Rütter beschäftigt sich vierundzwanzig Stunden am Tag mit Hunden – seine Erfolgsgarantie.

Befolgen von starren Methoden und Regeln. Jeder Mensch ist anders – jeder Hund auch. »Hunde unterscheiden sich nicht nur in Rasse, Größe, Farbe, Alter und Geschlecht. In erster Linie unterscheiden sie sich in ihrer Persönlichkeit. D.O.G.S. vertritt eine Philosophie, die nicht darauf aus ist, Hunde zu »brechen« oder sie gefügig zu machen, sondern sich vielmehr an der natürlichen Veranlagung des Hundes zum Aufbau von Sozialstrukturen orientiert«, erläutert der Hundetrainer. Jeder Hund braucht diese Führung, da ist sich Martin Rütter sicher. »Hunde können nur in hierarchischen und keinesfalls in demokratischen Sozialstrukturen zufrieden und ausgeglichen leben«, sagt Martin Rütter bestimmt.

»Offen für Neues«

Neue Wege, neue Methoden, neue Dinge annehmen und ausprobieren! Für Martin Rütter kein Problem, ganz im Gegenteil. »Es gibt nichts, was ich mir nicht angucken, vielleicht auch selbst mal ausprobieren würde, vorausgesetzt, ich befinde es für lohnenswert. Es gibt jedoch zwei Dinge, die ich strikt ablehne. Zum einen ist das körperliche Gewalt an Hunden, sie ist einfach nicht nötig. Körperliche Gewalt fängt für mich da an, wo der Hund eine Sanktion erfährt, die er nicht einschätzen oder verstehen kann. Darunter fällt beispielsweise auch der häufig praktizierte brutale Ruck an der

Leine. Dieser ist für den Hund logisch einfach nicht nachvollziehbar. Zum anderen kann man so starken psychischen Druck auf einen Hund ausüben, dass dieser nur noch ein Schatten seiner selbst ist. Das kann durchaus schlimmer sein als körperlicher Druck und ist ethisch-moralisch einfach verwerflich und ebenfalls in keiner Weise zu tolerieren. Ich würde beispielsweise niemals einen Hund stundenlang hinter dem Sofa an der Heizung anbinden, denn der Hund kann auf diese Weise nicht mehr am sozialen Leben seiner Gruppe teilnehmen.«

»Es ist dennoch nicht so, dass bei D.O.G.S. alle Probleme über Futter gelöst werden. Viele Menschen können oder wollen scheinbar nicht verstehen, dass ich mit Hunden arbeite und dabei eben kaum wirkliche Probleme auftreten. Das liegt aber einfach an der sehr intensiven Beschäftigung mit dem Thema Hund. Man kann nur wirklich gut in seinem Tun sein, wenn man sich ganz, ganz intensiv nur mit dieser einen Sache beschäftigt. Und das mache ich vierundzwanzig Stunden am Tag. Rund um die Uhr.«

Info: Martin Rütter

Martin Rütter, geboren 1970, studierte Tierpsychologie und betreibt seit 1995 das Zentrum für Menschen mit Hund in Erftstadt. Mit der von ihm entwickelten Philosophie D.O.G.S. wurde er zum Vorreiter für die gewaltfreie und am Hund orientierte Ausbildung von Mensch und Hund. Er ist Autor der Bücher »Couch für alle Felle«, Teil I und Teil II (2004), »Hundetraining mit Martin Rütter« (2006) und »Angst bei Hunden« (2008). Außerdem erschienen eine DVD »Hundetraining mit Martin Rütter« (2006) und ein Hörbuch »Martin Rütter liest Konrad Lorenz: So kam der Mensch auf den Hund« (2007). Martin Rütter wirkte in zahlreichen Fernsehproduktionen mit, unter anderem »Eine Couch für alle Felle«, »Der Hundeprofi«, »Ein Team für alle Felle« und »TOP Dog – Deutschland sucht den Superhund«. Bei Seminaren und Vorträgen verbuchte Rütter seit 1996 mehr als 100 000 Zuhörer. Weitere Informationen: www.ruetters-dogs.de

Deutschlands Hundetrainer

Clarissa von Reinhardt

Fragen an Clarissa von Reinhardt

1. Ihr Name ist? *Clarissa v. Reinhardt.*

2. Wie alt sind Sie? *Geboren 1965.*

3. Von Beruf sind Sie?
Hundetrainerin, Verlegerin.

4. Aus wem besteht Ihre Familie?
Aus meinem Mann, 6 Hunden, 5 Katzen, 7 Pferden.

5. Welche und wie viele Hunde besitzen Sie? *6 Hunde.*

6. Welches ist Ihre größte Macke?
Ungeduld.

7. Wenn Ihre Hunde Menschen wären, welche Berufe hätten sie? *Chenook wäre Leibwächter – und zwar ein guter! Jule wäre Krankenschwester, Bonnie wäre Musikerin, Rosina wäre eine sehr verständnisvolle Psychotherapeutin, Shorty wäre Reiseveranstalter für Survivaltours, Franny wäre Lachtherapeutin.*

8. Was für ein Hund wären Sie?
Ein Hovawart.

9. Welchen Prominenten würden Sie gern einmal kennenlernen?
Den Dalai Lama.

10. Wenn Sie König von Deutschland wären, was würden Sie zuerst tun?
Der Hälfte der Leute ihren Führerschein abnehmen und erst wieder geben, wenn sie richtig fahren gelernt haben!

11. Was war das Peinlichste, das Ihnen je passiert ist?
In einem recht noblen Restaurant ist mir eine Kartoffel unter der Gabel weggerutscht, beim Nachbartisch auf das Dekolleté einer vollbusigen Dame gehopst und schließlich – an diesem abgeprallt – auf deren Teller gelandet. Das war eigentlich schon schlimm genug, aber dazu kam, dass ich nicht aufhören konnte zu lachen.

12. Ihr bisher schönster Tag war?
Unser Hochzeitstag.

13. Ihr bisher schlimmster Tag war?
Zu persönlich …

14. Wie sind Sie auf den Hund gekommen? *Ich bin in einer Familie mit Hunden aufgewachsen.*

15. Was schätzen Sie an anderen Menschen besonders?
Tiefgang, Großzügigkeit, Intelligenz, Ehrlichkeit gegenüber sich selbst und anderen.

16. Was ist Ihr Lieblingsgericht?
Vegane Reispfanne süß-sauer, leicht scharf.

17. Was bringt Sie zum Lachen?
Oft (meine) Tiere, wenn sie etwas sehr Nettes, Rührendes oder Lustiges tun. Manchmal auch die unglaublich dummen Gerüchte um meine Person – die sind gelegentlich so doof, dass man nur noch lachen kann. Obwohl es gleichzeitig auch traurig ist, dass manche Menschen offensichtlich so unerfüllt leben, dass sie sich abstruse Geschichten über mich ausdenken müssen, um was zu tun zu haben …

18. Was bedeutet für Sie Lebensqualität?
So zu leben, wie ich es tue. Es ist ein Privileg, Beruf und Berufung in Einklang bringen zu können. ODER: Einen ganzen Tag frei haben, diese Zeit mit meinem Mann und Freunden und den Tieren verbringen, dabei gutes veganes Essen, Sonne, gute Musik, abends Lagerfeuer oder wenigstens viele Kerzen – das alles am besten bei uns zu Hause, da gefällt's mir am besten.

19. Was wünschen Sie sich für die Zukunft? *Genug Geld, um noch mehr Tierheime bauen und unterhalten zu können. Lieber Gott, lass mich zehn Millionen im Lotto gewinnen! Oder noch mehr …*

20. Wie lautet Ihr Lebensmotto?
Es gibt nichts Gutes, außer man tut es!

21. Was möchten Sie allen Hundehaltern gern einmal sagen? *Geht achtsamer mit den Euch anvertrauten Hunden um, es sind fühlende und denkende Wesen, von denen man übrigens auch viel lernen kann.*

Clarissa v. Reinhardt

Der Weg des Vertrauens

»Innere Verbundenheit zum Mitgeschöpf Tier«

Wer für oder mit Tieren arbeiten will, der benötigt unterschiedliche Fähigkeiten, je nachdem, mit welcher Tierart er sich beschäftigt. Bei Clarissa v. Reinhardt, die zwischen Göttingen und Hannover aufwuchs, steckt mehr dahinter: eine tiefe innere Verbundenheit mit den Tieren, mit denen sie sich beschäftigt. »Bereits als Kind fühlte ich mich mehr zu Tieren als zu Menschen

hingezogen. Ich betreute eine Igelstation, beschäftigte mich täglich mit den sechs Collies meiner Familie und ging mit den Hunden aus der näheren Umgebung regelmäßig spazieren«, beschreibt Clarissa v. Reinhardt ihre ausgeprägte Neigung zu Tieren von Kindesbeinen an. »Mit vierzehn Jahren bekam ich dann ein Buch des Hundepsychologen Daniel Tortorra in die Hände und war mir spätestens von diesem Zeitpunkt an sicher, dass mein beruflicher Werdegang etwas mit Tieren zu tun haben sollte. Ich wusste nur noch nicht, wie genau dieser Weg aussehen sollte«, erzählt sie rückblickend Zunächst kam jedoch alles anders. Nach der Mittleren Reife folgten auf Rat der Verwandtschaft, etwas »Vernünftiges« zu lernen, eine

Clarissa v. Reinhardt wusste eins von Anfang an: Wie sie nicht mit Hunden umgehen möchte. Viele »Arbeitsproben« aus Vereinen, waren ihr abschreckendes Beispiel genug.

Ausbildung zur Fremdsprachenkorrespondentin und der damit verbundene Wohnortwechsel. Schließlich zog sie nach München. »Obwohl mir mein neuer Job einigermaßen gut gefiel, nagte in mir auch weiterhin der beständige Wunsch, mit Tieren zu arbeiten. Also entschloss ich mich, eine weitere Ausbildung zur Tierarzthelferin zu absolvieren. Im Rahmen dieser Arbeit bemerkte ich zunehmend, dass viele Menschen Probleme im Umgang mit ihrem Hund hatten. Ich bot Hilfe an und sammelte auf diesem Wege meine ersten Erfahrungen im Umgang mit Menschen und ihren Hunden. Parallel dazu sah ich mich auf Hundeplätzen um, in der Hoffnung, von den dortigen »Profis« noch etwas zu lernen. Das Ergebnis war allerdings so erschütternd, dass ich jedes Mal vollkommen geschockt nach Hause kam und dachte: So werde ich nie mit Hunden umgehen! Das muss anders gehen: hundgerechter, freundlicher, fairer und besser«, beschreibt Clarissa v. Reinhardt ihre damaligen Eindrücke.

Kurz darauf kam es zu einem Ereignis, dem sie noch heute eine große Bedeutung zumisst. »Mit Mitte zwanzig hatte ich einen schweren Unfall, stürzte eine Treppe herunter und bin nur haarscharf an einer Querschnittslähmung vorbeigeschrammt. Es kam mir so vor, als wollte der liebe Gott mir einen Hinweis zu meinem bisherigen Leben geben, denn ich war verstrickt in die vielen kleinen Lebenslügen, die wir alle so drauf haben. Ich arbeitete wieder in einem Büro, machte Karriere und log mir selbst vor, dass ich »später mal« alles anders machen würde. Später, wenn ich meinen Traumprinzen geheiratet hätte, der ganz viel Geld hat, mich versorgt und mich meine Tierschutzarbeit machen lässt. Aber was, wenn ›später mal‹ niemals kommen würde und auch der Traumprinz nicht? Ich musste die Sache selbst in die Hand nehmen. Ich hatte inzwischen von Linda Tellington-Jones erfahren und beschloss, eine dreijährige Ausbildung bei ihr zu absolvieren. Ich lernte viel in dieser Zeit, allerdings nicht nur Gutes im Umgang mit Tieren. In den folgenden Jahren besuchte ich auch Seminare bei Erik Zimen, Günther Bloch, Terry Ryan, John Fisher, Turid Rugaas und unzähligen anderen Größen der nationalen und internationalen Hundeszene und lernte dort sehr schnell, was man im Umgang mit Hunden machen kann – und was man lieber lassen sollte«, sagt sie ganz unmissverständlich.

Seminare und Vorträge von Wissenschaftlern und anderen Hundetrainern besucht Clarissa v. Reinhardt auch heute noch regelmäßig, denn Fortbildung hält sie für unverzichtbar. »Ich empfinde meinen Beruf als Prozess, man kann immer noch etwas dazulernen. Das macht ihn so interessant. Wer glaubt, alles über Hunde zu wissen und nichts Neues mehr über sie lernen zu können, hat sie nicht verstanden«, urteilt die Trainerin. Aus der Motivation heraus, Gutes für Tiere und insbesondere für Hunde tun zu wollen, gründete sie schließlich 1993 »animal learn« und bietet seit 1997 außerdem eine Trainerausbildung nach dem von ihr entwickelten Trainingskonzept an. »Ich bin ein tief religiöser Mensch und überzeugt davon, dass es für jeden von uns so etwas wie einen Gottesplan gibt. Damals dachte ich: So, wie ich jetzt lebe, das kann es nicht gewesen sein, mein Leben muss sich ändern. Wenn ich einmal sterbe, will ich in der Gewissheit abtreten, mein Leben nicht verplempert zu haben. Also gründete ich »animal learn« und fing an, mit Tieren zu arbeiten«, beschließt sie die Ausführungen zu ihrer beruflichen Laufbahn.

»Respekt vor der Andersartigkeit«

Wenn es um die Einstellung zum Lebewesen Hund geht, hat Clarissa v. Reinhardt eine eindeutige Meinung: »Hunde sind, wie alle Tiere, unsere Mitgeschöpfe auf diesem Planeten. Sie sind anders als wir Menschen, aber deshalb nicht weniger wert. Leider teile ich diese Einstellung nicht mit sehr vielen Menschen. Wir leben in einer Welt, in der Tiere wie Konsumgegenstände benutzt werden, in der sie ausgebeutet und misshandelt werden. Das beinhaltet auch, sie bei Nichtgefallen zu entsorgen«, empört sich die Hundetrainerin. Sie selbst leistet ihren eigenen Beitrag, um dieser Ausbeutung entgegenzuwirken. »Ich ernähre mich weitgehend vegan und benutze nur Kosmetika und Reinigungsmittel, die ohne Tierversuche hergestellt wurden«, erzählt sie. »Außerdem gebe ich den zehnten Teil dessen, was ich habe, denen, die es brauchen. Da ich nicht überall gleichzeitig helfen kann, engagiere ich mich dort, wo ich mich am wohlsten fühle – bei den Tieren«, sagt sie. Das bedeute aber nicht, dass sie Menschen nicht möge, betont Clarissa v. Reinhardt. Sie ist im Gegenteil der Meinung, dass man Tieren nicht gerecht werden kann, wenn man sich mit ihnen nur deshalb beschäftigt, weil man soziale Defizite mit der eigenen Art, also seinen Mitmenschen, hat. »Wichtig ist es gerade in meinem Beruf, immer wieder Respekt und Achtung vor der Andersartigkeit des Hundes zu haben. In diesem Bereich versuche ich, sehr

Von Tieren können wir Menschen viel lernen. Clarissa v. Reinhardt versucht auch anderen Menschen diese Einstellung nahe zu bringen.

achtsam zu sein, denn tatsächlich können Hunde uns vieles lehren. Ich würde mir wünschen, dass es mehr Kollegen gäbe, die sich nicht nur damit beschäftigen, wie sie einen Hund in das von seinem Menschen gewünschte Verhalten pressen können. Oftmals kommen die Tiere als Lehrmeister zu uns, es liegt an uns, dies zu erkennen und ihre Lektionen anzunehmen.«

Eines der Grundprobleme in der Beziehung zwischen Mensch und Hund sieht Clarissa v. Reinhardt darin, dass noch immer viele Menschen Schwierigkeiten damit haben, ihrem vierbeinigen Gefährten eigenständiges Denken und eine dem Menschen sehr ähnliche Gefühlswelt zuzugestehen. »Die Mensch-Hund-Beziehung ist heute häufig so kompliziert, weil Hunde entweder vollkommen gefühllos wie eine beliebig konditionierbare Biolebendmasse behandelt werden, oder aber auf eine Weise vermenschlicht werden, dass sie für soziale menschliche Defizite herhalten müssen. Beides ist nicht gut«, stellt Clarissa v. Reinhardt heraus. »Hinzu kommt, dass viele Menschen in einer hoch technisierten Welt den Wunsch haben, sich über die Anschaffung eines Haustieres ein Stück Natur zurückzuholen, während sie andererseits aber gar nicht mehr wissen, wie sie mit diesem Tier umgehen sollen. Das traditionelle Wissen, weitergegeben in der Großfamilie, fehlt meistens. Es klafft also eine erhebliche Lücke zwischen dem Wunsch, einen Hund zu halten, und dem Wissen, was dazu nötig ist. Dabei ist eine gut funktionierende Mensch-Hund-Beziehung gar nicht so schwer zu erreichen. Ähnlich wie in der Kindererziehung werden bestimmte Regeln aufgestellt, die der Hund einhalten muss. Gleichzeitig bekommt er aber auch ausreichend Freiraum, um seine eigene Persönlichkeit zu entfalten. Dabei ist es wichtig, auch mal fünf gerade sein zu lassen und den Hund nicht auf Schritt und Tritt zu reglementieren. Schließlich ist er ein hoch soziales, denkendes und fühlendes Lebewesen«, erklärt Clarissa v. Reinhardt.

Hunde brauchen eine freundschaftliche und faire Führung – bei Clarissa v. Reinhardt bekommen sie diese.

»Was Hunde brauchen, ist so etwas wie eine freundschaftliche und faire Führung, die ihnen auf hundgerechte Art und Weise zeigt, was im Zusammenleben mit uns Menschen erlaubt ist und was nicht. Dabei müssen Hunde aber auf jeden Fall die Möglichkeit bekommen, auch mal ihre eigenen Erfahrungen zu sammeln, denn nur so erhalten sie die Möglichkeit, eine eigene Persönlichkeit zu entwickeln.« Ihren Kunden das zu vermitteln, darin sieht Clarissa v. Reinhardt eine ihrer Hauptaufgaben, denn von einem Training, das Hunde zu »hirnlosen und/oder verängstigten Befehlsempfängern« macht, hält sie gar nichts. »Ich bin nicht bereit zu schweigen, wenn Hunde unter dem Deckmäntelchen des Trainings oder bestimmter »Erziehungsprogramme« misshandelt werden. Die Reaktionen mancher Mitmenschen sind dann nicht immer angenehm – schlimmer wäre es jedoch für mich, aus Bequemlichkeit nichts zu sagen.«

»Vertrauen ist die Basis«

Eine vertrauensvolle Basis ist der Ausgangspunkt für jegliche Arbeit oder Kommunikation mit Hunden, davon weicht Clarissa v. Reinhardt keinen Schritt ab. »Wenn ein Hund zu mir ins Training kommt, baue ich erstmal Vertrauen zu ihm auf, das ist die Basis jeder Zusammenarbeit. Dafür braucht er Zeit. Zeit, mich kennen zu lernen, mich einschätzen zu können. Und das bedeutet, dass ich niemals gleich in der ersten Stunde in eine Situation mit dem Hund gehe, in der er Stress oder gar Angst haben könnte. Hat ein Hund beispielsweise ein Problem mit anderen Hunden, so trainiere ich in der ersten Stunde niemals eine Hundebegegnung«, sagt die Trainerin aus Bayern.

Hat ein Hund beispielsweise Angst vor anderen Hunden, konfrontiert Clarissa v. Reinhardt ihn niemals in der ersten Stunde mit einem anderen Hund. Das passiert erst dann, wenn der Hund soweit ist.

»Im Training geht es dann darum, dass Hund und Halter gemeinsam lernen. Es kann nicht richtig sein, nur von einem Lebewesen Anpassung und Verständnis zu erwarten. Wenn das

Leben zwischen Mensch und Hund eine Symbiose sein soll, also eine Lebensgemeinschaft zum gegenseitigen Nutzen, dann muss auch der Mensch seinen Beitrag dazu leisten. Es lernen also immer beide. So auch bei der Kommunikation: Vom Hund wird erwartet, dass er bestimmte Kommunikationsformen und von uns erwartete Reaktionen darauf erlernt – gleichzeitig sollte der Halter aber auch lernen, seinen Hund, dessen Ausdrucks- und Sozialverhalten, seine Bedürfnisse, Ängste und Vorlieben zu (er)kennen und sich nach ihnen zu richten, wo dies möglich ist. »Während der Übungsstunden darf der Hund deshalb bei ihr auch mitentscheiden, wie weit er gehen kann und will. Sobald Clarissa v. Reinhardt bemerkt, dass es einem Hund allmählich zu viel wird, macht sie eine Pause, lässt ihn zum Beispiel aus der Trainingshalle, wenn er durch Blicke zur Tür anzeigt, dass er raus möchte, oder lässt ihn zur Entspannung im Fluss baden, wenn es ihm zu anstrengend wird. Dadurch vermeidet sie, dass er das Gefühl entwickelt, der Situation auf Gedeih und Verderb ausgeliefert zu sein, und gewinnt dafür, davon ist sie überzeugt, Vertrauen und Kooperationsbereitschaft. So werden auch Trainingserfolge bei angeblich hoffnungslosen Fällen möglich«, stellt Clarissa v. Reinhardt immer wieder fest.

»Zu einem verantwortungsvollen Training gehört für mich auch, dass man sich erst einmal Gedanken darüber macht, welche Übungen wann Sinn machen. Sinnlos ist es für mich beispielsweise, wenn ein Hund im strömenden Regen, auf spitzen Kieselsteinen oder im

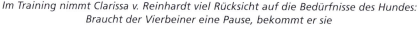

Im Training nimmt Clarissa v. Reinhardt viel Rücksicht auf die Bedürfnisse des Hundes: Braucht der Vierbeiner eine Pause, bekommt er sie

Schneematsch Platz machen soll. Wozu soll das gut sein? Ja, ein Hund soll schon über einen gewissen Gehorsam verfügen, aber ich würde mir wirklich wünschen, dass die Menschen achtsamer und respektvoller mit ihren Tieren umgehen und mehr darüber nachdenken, was wirklich notwendig ist – und was nicht.«

»Perfektionismus nicht um jeden Preis«

Die Thematik des »perfekten Gehorsams« interpretiert Clarissa v. Reinhardt folgendermaßen: »Häufig ist es der Druck der Öffentlichkeit, der Hundehalter und Trainer dazu veranlasst, einen perfekt gehorchenden und funktionierenden Hund kreieren zu wollen. Kommt ein Hund beispielsweise nicht beim ersten Rufen,

Den dominanten Hund gibt es in den Augen von Clarissa v. Reinhardt nicht. »Ein veralteter Denkansatz«, bescheinigt sie.

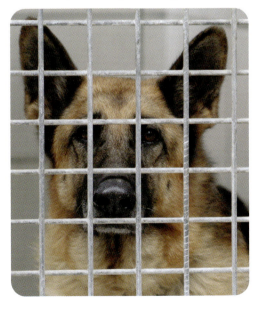

so heißt es häufig, der Halter habe ihn nicht unter Kontrolle. Das wiederum wird dann damit gleichgesetzt, dass der Hund nicht kontrollierbar und folglich potenziell gefährlich sei. In Wirklichkeit ist er aber einfach nur beim ersten Rufen nicht gekommen. Nichts weiter. Wir Menschen sollten unsere Ansprüche in Bezug auf unsere Hunde einfach ein bisschen zurückschrauben, denn kein Lebewesen ist perfekt«, sagt Clarissa v. Reinhardt. »Hunde sind so großartig darin, uns unsere Fehler zu verzeihen – und wir oft so schlecht darin, ihnen ihre nachzusehen. Da könnten wir noch eine Menge von ihnen lernen. Hinzu kommt, dass auch ein Hund mal das Recht auf einen schlechten Tag hat. Wir Menschen sind auch nicht immer gleich gut gelaunt und aufnahmefähig – warum sollte es einem Hund anders gehen? Wenn er also heute beim ersten Rufen nicht gleich kommt – dann rufe ich eben ein zweites oder sogar drittes Mal. Dadurch passiert nichts Schlimmes, weder für den Augenblick noch für die Zukunft. Die Welt dreht sich weiter, und ich glaube auch nicht daran, dass mein Hund mir dadurch zeigen wollte, dass er meine Autorität untergraben möchte und dominant ist«, sagt Clarissa v. Reinhardt amüsiert.

Das viele Gerede um den »dominanten Hund« kann sie ohnehin nur noch mit einem Kopfschütteln quittieren. »Ein Hund gilt immer dann als dominant, wenn ein Mensch nicht mehr weiter weiß. Das ist deshalb so bequem, weil damit eine Schuldverschiebung in Richtung des Hundes stattfindet. Der Mensch braucht sich dann keine Gedanken über seine eigenen Fehler zu machen – und erhält auch gleich die Rechtfertigung dafür, »mal ordentlich durchzugreifen«.« Nach v. Reinhardt ist das ein völlig veralteter und immer schon falscher Denkansatz, denn »den dominanten Hund« gibt es ihrer Meinung nach nicht. »Dominanz ist keine grundsätzliche Charaktereigenschaft, sondern wird immer situationsbezogen gezeigt. Es handelt sich um einen dynamischen Prozess zwischen zwei oder mehreren Individuen, dessen Komplexität genauer untersucht werden muss, um ihn wirklich zu verstehen«, erläutert sie den Begriff der Dominanz.

»Grenzen setzen ohne Gewalt«

»Viele Menschen können sich noch immer nicht vorstellen, dass man einen Hund ganz ohne Gewalt erziehen kann«, antwortet Clarissa v. Reinhardt, als es um die Frage der unterschiedlichen Erziehungsformen beim Hundetraining geht. Sie ist da kompromisslos, lehnt körperliche und mentale Gewalt in jeder Form und ohne Ausnahmen ab. »Gewalt beginnt aber nicht erst bei Schlägen oder starken Einschüchterungen, sondern fängt für mich unter Umständen schon da an, wo die Persönlichkeit des Hundes so stark beschnitten wird, dass schließlich nichts mehr von ihr übrig bleibt. Häufig passiert jedoch genau das, zum Beispiel, wenn Menschen sich unbedacht einen Hund kaufen, der gerade in Mode ist, ihr Geltungsbedürfnis unterstreicht oder ihrem optischen Ideal entspricht. Das Wesen und die unterschiedlichen Rassedispositionen werden nicht bedacht und genau deshalb treten dann schließlich Probleme auf: Der Hund jagt unkontrolliert, ist unverträglich mit Artgenossen oder bewacht das Reihenhaus mit handtuchgroßem Garten so vehement, dass selbst gute Freunde nicht

mehr reinkommen – und die Halter wollen dieses Verhalten einfach nur abstellen. Bei den entsprechenden Trainingsversuchen kommt es dann häufig zu massiven Missachtungen der Persönlichkeit des Hundes oder sogar zur Gewaltanwendungen. Und das darf nicht sein!«, sagt Clarissa v. Reinhardt. »Grenzen setzen ja, Gewalt nein! Eine Führungsposition nimmt man durch Souveränität, Güte und Intelligenz ein – nicht durch sinnloses Herumkommandieren oder hirnlose Grobheit.« Anknüpfend an diesen Punkt verweist Clarissa v. Reinhardt gleich auf einen weiteren Trugschluss. »Noch immer kursiert die Meinung, dass sich eine gute Bindung zwischen Hund und Halter durch einen perfekt sitzenden Gehorsam erkennen lässt. In meinen Augen ist das Unsinn. Jagt ein Hund beispielsweise einem Hasen hinterher und kommt auf das Rufen seines Besitzers nicht zurück, heißt es sofort, der habe keine gute Bindung zu diesem, weil er ja lieber hinter dem Hasen herrennt, als zurückzu-

Ein gute Bindung hat etwas mit der inneren Haltung von Hund und Mensch zueinander zu tun, nichts mit besonders gutem Gehorsam.

kommen. Dabei hat Jagdverhalten nichts mit guter oder schlechter Bindung zu tun. Ein Hund denkt nicht darüber nach, ob er sein Frauchen lieb hat oder nicht, wenn er einen Hasen hetzt«, betont die Hundetrainerin schmunzelnd.

»Eine gute Bindung hat vielmehr etwas mit der inneren Haltung von Hund und Mensch zueinander zu tun. Und die kann man nicht an einem perfekt ausgeführten »Platz« oder Herankommen messen. Abgesehen davon ist eine gute Bindung nichts Einseitiges! Immer wird nach der Bindung des Hundes an seinen Menschen gefragt. Mit gleicher Berechtigung müsste man doch auch darüber nachdenken, wie gut die Bindung des Menschen an seinen Hund ist. Deshalb gehört es unter anderem zu meinen Trainingszielen, Menschen und Hunden auf ihrem gemeinsamen Weg zu einem vertrauensvollen, fairen und im Alltag funktionierenden Miteinander zu verhelfen. In diesem Sinne leiste ich also oftmals mehr Beziehungsarbeit als Erziehungsarbeit«, beschreibt Clarissa v. Reinhardt ihre Arbeitseinstellung.

Clarissa v. Reinhardt erhebt keinen Alleingültigkeitsanspruch für ihre Trainingsmethoden. Sie nimmt sich aus jeder Methode das, was sie für angemessen und gut hält – zum Wohle des Hundes.

»Hundetraining ist Menschentraining«

Hunde zu trainieren, bedeutet in erster Linie, mit Menschen zu arbeiten. Umso entscheidender ist es, dass ein Hundetrainer ein Menschenfreund ist. »Ich erlebe bei meiner täglichen Arbeit häufig, dass Hundehalter mir offen und wissbegierig begegnen, sie wollen mehr über das ihnen anvertraute Wesen erfahren. Die Zeiten, in denen stupide im Kreis marschiert und Hund und Halter mit »Sitz«, »Platz« und »Fuß« genervt wurden, gehören mehr und

mehr der Vergangenheit an – Gott sei Dank! In meinen Trainingsstunden und Seminaren möchte ich zum Nachdenken anregen, zum Reflektieren über sich und das Tier. Natürlich habe auch ich bestimmte Ausbildungsrichtlinien und -kriterien, aber ich sehe in meinem Konzept mehr eine grundsätzliche Lebenseinstellung als ein starres Ausbildungsreglement. Der respektvolle und mitfühlende Umgang mit dem Tier, das Akzeptieren seiner Andersartigkeit und das Bemühen, Richtlinien für das Miteinander zu finden, die für beide lebbar sind – das sind für mich Eckpfeiler einer guten Ausbildung. Keinesfalls möchte ich den Hund zum funktionierenden Befehlsempfänger oder Spieljunkie degradieren. Wenn ein Hund beispielsweise kaum noch artspezifisches Sozialverhalten zeigt, sondern nur noch nach Bällen giert und mir sein Besitzer dann noch stolz erzählt, dass eben dieser Hund sogar an einer läufigen Hündin vorbeigeht, wenn er seinen Ball vor Augen hat, dann kann ich nur sagen: armer, armer Hund!«

Was die unterschiedlichen Trainingsmethoden betrifft, besteht Clarissa v. Reinhardt nicht darauf, dass ihre Mittel und Wege die einzig wahren sind. »Ich habe auch im Training keinen Alleingültigkeitsanspruch. Aus allen Trainingsmethoden nehme ich mir das heraus, was passt. Beispielsweise bin ich eigentlich kein großer Fan des Clicker-Trainings. Eine Kollegin zeigte mir jedoch eine Situation, in der sie erfolgreich mit dem Clicker arbeitete. In diesem speziellen Fall ging es darum, den Clicker dafür einzusetzen, das Augenmerk des Halters auf all das zu lenken, was sein Hund richtig macht. Bis zum Training war der Mann eine wandelnde Beschwerde über seinen ach so schwierigen Hund – jetzt hatte er Freude daran zu sehen, wie schnell dieser lernte. Eine tolle Demonstration. Also habe ich das Clickern doch noch angefangen, obwohl ich es eigentlich nervig finde, mit einem Knackfrosch herumzulaufen«, berichtet sie offen und ehrlich.

»Artgerechte Hundehaltung«

Der Begriff der artgerechten Hundehaltung wird von Clarissa v. Reinhardt gleich im ersten Schritt als faules Ei entlarvt. »Artgerechte Hundehaltung ist eigentlich schon begrifflich eine Mogelpackung, weil Hunde ja häufig solitär gehalten und mit – im ernährungsphysiologischen Sinne – leblosem Trockenfutter gefüttert werden, obwohl sie lieber jagen und in einem geschlossenen Familienverband leben würden. Ich habe auch noch nie von »artgerechter Kastration« oder »artgerechtem Sitz-Kom-

mando« gehört. Das ist doch alles Unsinn, denn artgerecht wäre es für einen Hund, seinen Sozialpartner – und auch Sexualpartner – frei zu wählen, sich Lebendfutter zu erjagen, den Tagesablauf selbst zu bestimmen und viele Dinge mehr, die wir ihm nicht erlauben können. Zumindest nicht in einem dicht besiedelten Industriestaat wie Deutschland. Ich mag diese Augenwischerei nicht. Das Beste, was wir tun können, ist, der Art unseres Hundes so gerecht wie möglich zu werden – wirklich artgerecht funktioniert aber in unserer Gesellschaft nicht.«

»Herzensbindung«

Clarissa v. Reinhardt ist – bis auf wenige Ausnahmen – überzeugte Befürworterin der Mehrhundehaltung. »Egal wie tief die Beziehung und Herzensbindung zwischen uns und unserem Hund ist, es wird immer die Kluft der Andersartigkeit bleiben. Wir können unserem Hund nicht den arteigenen Sozialpartner ersetzen, denn wir knibbeln ihm nicht mit den Zähnen am Hals herum, lecken ihm nicht freundschaftlich Wunden oder die Ohrmuschel aus, können schon gar nicht mit ihm um die Wette rennen und stoßen immer wieder an die Grenzen des gegenseitigen Verstehens, weil wir eben kein Hund sind. Wenn man einmal beobachtet hat, wie rührend sich eine gut aufeinander eingestellte Hundegemeinschaft umeinander kümmert, wie hoch sozial sie miteinander umgeht, möchte man das nicht mehr missen. Die Befürchtung mancher Menschen, die Hunde würden sich dann nur noch miteinander beschäftigen und sich kaum noch für ihren Halter interessieren, kann ich entkräften. Wer

Das Gefühl zwischen Mensch und Hund ist für Clarissa v. Reinhardt das wichtigste Puzzleteilchen der Mensch-Hund-Beziehung.

als Mensch eine intakte und vertrauensvolle Bindung zu seinem Hund (oder besser: seinen

Hunden) aufgebaut hat, der wird diese Basis niemals verlieren«, ist Clarissa v. Reinhardt überzeugt.

Auf die Frage, ob sie abschließend noch etwas sagen möchte, antwortet sie: »Die Menschen sollten sich nicht zu abhängig von Trainingsmethoden, Lernprinzipien und der Meinung anderer über sich und ihren Hund machen. All das kann interessant sein, aber niemals so wichtig wie das Gefühl zwischen ihnen und ihrem Tier. Für die Beziehung zwischen einem Menschen und seinem Hund gibt es zwei Experten, nämlich eben diesen Menschen und diesen ganz besonderen Hund. Die besten Berater auf dem gemeinsamen Lebensweg sind ein mitfühlendes Herz, eine gute Portion Humor, Geduld und Gelassenheit, gesunder Menschenverstand, gegenseitiger Respekt, etwas Fachwissen und ganz viel Liebe.«

Info: Clarissa von Reinhardt

Clarissa v. Reinhardt, Jahrgang 1965, gründete 1993 »animal learn«, eine Hundeschule, die weitaus mehr vermittelt als die klassischen Elemente der Hundeerziehung. Mit ihrem »sanften Weg der Hundeerziehung«, setzt sie sich für eine hundgerechte Kommunikation zwischen Mensch und Hund ein und verurteilt ausnahmslos alle Trainingsmethoden, die einem Hund Schmerzen und Leid zufügen, oder ihn gewollt verängstigen. Gemeinsam mit ihrem Mann, sechs Hunden, fünf Katzen und sieben Pferden lebt Clarissa v. Reinhardt in Bernau am Chiemsee, wo sie sich neben ihrer Arbeit als Hundetrainerin, Verlegerin, Referentin und Autorin mehrerer Bücher mit ihrem Projekt »Häuser der Hoffnung e.V. « aktiv im Tierschutz engagiert.
Weitere Informationen:
www.animal-learn.de

Zum Schluss

Und nun ... ?

Als ich die letzten Zeilen dieses Buches schreibe, liegt ein zweistündiger Spaziergang mit meinen Hunden durch das Mecklenburgische Elbtal hinter mir. Es war wie so häufig: Pointerhündin Belina schießt in rekordverdächtigem Tempo die Wege auf und ab, durchkämmt systematisch jede kleine Wiese, um dann in atemberaubendem Tempo unaufgefordert wieder zu mir zurückzukommen. Rassekollegin Bimba ist da etwas gemütlicher, geht auch gerne mal einfach nur spazieren, ohne gleich in einen Arbeitsrausch zu verfallen. Pointer-Terrier-Mischling Donna tut es Belina gleich, schießt allerdings so manches Mal über das Ziel, respektive meine Toleranzgrenze, hinaus. »Donna, zurück!«, lautet da das entschei-

dende Kommando, das den kleinen Feger auch augenblicklich zum Umdrehen veranlasst. Um Pablo, meinen Podenco-Rüden, brauche ich mir keine Gedanken zu machen: der trottet in gewohnter Manier mal hinter, mal vor oder mal neben mir, immer nur ein paar Meter entfernt. Und dann ist da noch Toni, der rote Sausewind. Ein Spaziergang mit der Podenco-Mischlingshündin ist immer von absoluter Aufmerksamkeit und Präsenz meinerseits geprägt, in Gedanken versunkene Momente kann ich mir nicht erlauben, sonst macht Toni sich auf Hasenjagd – und die ist immer erfolgreich.

Fünf Hunde – fünf verschiedene Persönlichkeiten und zu jedem dieser Hunde habe ich eine ganz eigene, individuelle Beziehung. Pablo und ich verstehen uns blind, ein Blick oder eine Geste reichen aus und er versteht, was ich

meine. Mit Bimba verhält es sich ähnlich. Donna ist explosiv, temperamentvoll und immer in Höchstgeschwindigkeit unterwegs. Ein junger Hund, der seine Grenzen austestet und die Welt entdeckt. Mir macht es Spaß, sie auf diesem Weg zu begleiten. Sie ist robuster als Bimba und Pablo, weiß ganz genau, was sie will und was nicht. Da stehen Reibungspunkte auf der Tageskarte. Toni testet ihre Grenzen immer wieder aus, stellt mich regelmäßig vor neue Anforderungen. Durch sie habe ich unglaublich viel über Jagdverhalten, Körpersprache und Kommunikation gelernt und darüber, was »Hundsein« eigentlich bedeutet. Belina, das Nesthäkchen meiner Hundegruppe, ist für mich der wahr gewordene Pointertraum, der bewusst und ganz genau so sein soll: schnell, jagdlich passioniert, mit unvergleichlichem Stil in der Suche und eine echte Aufgabe,

die nur mit viel Leidenschaft für diese Art von Hunden zu bewältigen ist. So verschieden und individuell meine Hunde sind, so unterschiedlich sind auch die Nuancen, die unser Zusammenleben und den Umgang miteinander bestimmen.

Jeder, der eine innige Beziehung zu seinem Hund hat, möchte alles richtig machen. Das Problem ist nur, dass der Anspruch, einen Hund perfekt erziehen zu wollen, genauso unerreichbar ist, wie ein Leben ohne Niederschläge. Die unterschiedlichen Ansätze der verschiedenen Hundetrainer zeigen, dass es eben nicht nur den einen richtigen Weg gibt – genauso wenig, wie es nicht DEN Hundehalter oder DEN Hund gibt. Erziehung ist ein individueller Prozess, bei dem sich beide Partner, Mensch und Hund, annähern.

Wie dieser Prozess im Einzelnen aussieht, hängt immer von der jeweiligen Mensch-Hund-

Konstellation ab. Konsequenz und eine klare Linie im Umgang mit dem Hund sind wichtig, da sind sich alle Hundetrainer einig. Hunde müssen sich an uns und am Leben reiben dürfen, müssen Grenzen ertragen und Konflikte erfahren. Das alles macht das Zusammenleben mit unseren Vierbeinern doch erst wirklich interessant, manchmal auch zu einem notwendigen Ärgernis. Es gibt viele Gründe, warum Menschen mit Hunden leben möchten: sie wollen nicht einsam sein, wünschen sich einen treuen Begleiter an die Seite, benötigen einen Jagdhelfer ... Die Entscheidung, mit einem oder mehreren Hunden zusammenzuleben, bringt in jedem Fall eine große Verantwortung mit sich und kann unter Umständen auch viel Arbeit bedeuten. Denn kein Hund gleicht dem anderen. Es gibt temperamentvolle und gemütliche Hunde, Hunde die man antreiben muss und Hunde, denen man Einhalt bieten muss. Letzt-endlich sollte es immer die eigene Persönlichkeit sein, mit der man dem Hund die Spielregeln des Zusammenlebens deutlich macht. Es gibt viele Wege, die zum Ziel führen – das hat auch dieses Buch gezeigt.

Allgemein gilt jedoch: Was Hunde brauchen, sind gute Autoritäten, sind Hundebesitzer, die Verlässlichkeit bieten und – wie Günther Bloch es so treffend ausdrückt – »emotionale Stabilität« vorleben. Auch der »beste« Hundetrainer wird nicht helfen können, solange der Hundebesitzer seinem Hund keine vertrauensvolle Führung, keine Orientierung bieten kann. Wenn die Beziehung zwischen Mensch und Hund stimmt, kann auch ruhig mal etwas schief gehen – daran zerbricht kein Hund der Welt. Und wenn Ihr Hund wirklich mal aus der Reihe tanzt? Bleiben Sie gelassen, es gibt solche Tage, bei Mensch UND Hund!

Danke

Danke an Claudia König, meine Lektorin. Danke Frau König, für Ihre Unterstützung, Ruhe und Ihren fachlichen Beistand in jeder Situation.

Danke an meine Freundinnen Anne Döll und Petra Markgraf. Danke, für Euren unermüdlichen Einsatz, sei es als kritische Leser oder als unschätzbar wichtige Ratgeber in Gesprächen und Diskussionen.

Danke an Ulli Werchau. Danke Ulli, für deine nicht enden wollenden Ermunterungen, mir das bunte Treiben der Hundewelt immer wieder genau anzusehen und kritisch zu hinterfragen. Und ein noch größeres Dankeschön dafür, dass Du die Leidenschaft English Pointer mit Belina von der Postschwaige endgültig zum Lodern gebracht hast.

Danke an meine fünf Hunde, die mich mit ihrer puren Lebensfreude, ihrer guten Laune und ihrem »Hundsein« immer wieder daran erinnern, wie wunderbar und unverzichtbar sie doch sind – für mich und für viele andere Menschen.

Danke an Frank. Danke Frank, dass Du Dich auf mich und die Hundebande eingelassen hast. Danke, dass Du nicht müde wirst, mich zu stoppen, wenn ich mal wieder vor lauter Ideen nicht klar denken kann – oder alles gleichzeitig machen möchte. Danke, dass Du immer die Ruhe bewahrst und mir immer wieder vorlebst, was »gemeinsam durchs Leben gehen« bedeutet.

Der größte Dank gilt meiner Mutter und meinen beiden Schwestern. Danke dafür, dass Ihr immer für mich da seid, mich unterstützt, mir Halt gebt und mich so nehmt, wie ich bin.

Johanna Esser

Glossar

Abbruchsignal: Ein eintrainiertes Signal, mit dem sich unerwünschtes Verhalten sofort und auf der Stelle unterbrechen lässt.

Aggressionen: Aggressionen haben in erster Linie eine biologische Funktion und sind nicht per se als negativ zu bewerten. Sie dienen der Konfliktvermeidung und dem Lernen, wer welchen Handlungsspielraum und wer das Sagen hat. Wer Hunde einmal genau beobachtet, wird feststellen, dass sie beispielsweise mit eindeutigem Drohverhalten ernsthaften Auseinandersetzungen aus dem Weg gehen wollen. Gedroht wird, wenn es nicht anders geht. Und da gehört ein Brummen und Knurren einfach dazu.

Alphawolf: Leitwolf. Nach aktuellen Erkenntnissen ist ein Wolfsrudel eine Familie und besteht in der Regel aus Elterntieren, Welpen und Welpen des Vorjahres. Hieraus ergibt sich eine natürliche Hierarchie.

Anamnese: Die im Gespräch ermittelte Vorgeschichte eines Patienten in Bezug auf seine aktuelle Erkrankung.

Bestrafung, anonyme: Der Hund weiß nicht, woher die Bestrafung kommt (MasterPlus, Tele-Takt).

Bestrafung, deklarierte: Für den Hund ist klar erkennbar, woher die Bestrafung kommt (Schnauzgriff, Klapps).

Belohnung, versteckte: Begriff aus der Konditionierung und der Hundeerziehung. Wenn z.B. Tonfall und Körpersprache des Menschen in Widerspruch zu einem gegebenen Kommando wie »Aus« oder »Pfui« stehen, erkennt der Hund an der Körpersprache und am Tonfall (analog) die Zustimmung seines Menschen, fühlt sich bestätigt und ignoriert die widerspüchlichen Kommandos.

Binärsystem: Ein Hund erlebt seine Welt binär, also im Sinne von Erfolg oder Misserfolg.

Calming Signals: Die nach der Norwegerin Turid Rugaas titulierten Beschwichtigungssignale.

Caniden: Hundeartige. Die Hunde (Canidae) sind eine Familie innerhalb der Überfamilie der Hundeartigen. Zu den Hunden gehören beispielsweise die Füchse, verschiedene als »Schakal« bezeichnete Arten, Kojoten, Wölfe und Haushunde.

Desensibilisieren: Unter der Systematischen Desensibilisierung versteht man den Prozess der Verhaltenstherapie, die mit einem schrittweise durchgeführten Verfahren gegen eine psychische Angststörung (Angst-, Panik-, generalisierte Angststörung) und andere Gefühlsüberflutungen vorgeht. Sie ist eine Therapiegrundlage, die im Gegensatz zur Reizüberflutung, dem sogenannten Flooding, steht, bei dem eine sofortige starke Konfrontation mit dem angst- oder panikauslösenden Objekt bzw. jener Situation vorgenommen wird. Desensibilisierung und Gegenkonditionierung ergänzen sich.

Distanzunterschreitung: geschieht dann, wenn die Individualdistanz eines Tieres (oder Menschen) missachtet wird. Die Folge können sein Angriff, Flucht oder Erstarren.

Dominanz: ist keine Charaktereigenschaft, sondern beschreibt eine Eigenschaft von Beziehungen. Dominanz bedeutet, dass in einer Zweierbeziehung A in seiner Freiheit regelmäßig von B eingeschränkt wird, bzw. B sich selbst ein hohes Maß an Freiheit zubilligt, was A ohne Gegenwehr akzeptiert.

Environmental Enrichment: Bereicherung der Umwelt/des Lebensraumes, um artgerechte(re) Haltung zu ermöglichen. Ein Hund muss sich beispielsweise sein Futter erarbeiten.

Ethologie: wird im deutschen Sprachraum traditionell die »klassische« vergleichende Verhaltensforschung bezeichnet, gelegentlich aber auch ganz generell die Verhaltensbiologie. Die Ethologie ist somit ein Teilgebiet der Zoologie und eine Nachbardisziplin der Psychologie, aber innerhalb der Zoologie auch eine Ergänzung zu den vergleichenden Ansätzen von Morphologie, Anatomie und Physiologie im Dienst einer systematischen Verwandtschaftsforschung.

Gegenkonditionierung: Die Gegenkonditionierung bezeichnet in der Psychotherapie die Schwächung eines unerwünschten Verhaltens durch Nichtbestätigung sowie durch Bekräftigung des Erwünschten. Desensibilisierung und Gegenkonditionierung ergänzen sich.

Generalisierung: Bezeichnet bei Prozessen des Lernens das Phänomen, dass eine Reaktion nicht nur auf die Reize hin erfolgt, für die eine Konditionierung stattgefunden hat, sondern auch auf solche Reize, die diesen ähnlich sind.

Genetische Disposition: ererbte Anlage für die Wahrscheinlichkeit, ein bestimmtes Verhalten (oder eine Krankheit) auszuprägen.

Gesellschaft zum Schutz der Wölfe e.V.: als gemeinnützig anerkannter Verein, der sich dem Schutz der in Deutschland lebenden Wölfe widmet.

Hybriden: Mischlinge

Individualdistanz: ist diejenige Entfernung zu Individuen der gleichen Art, die noch ohne Ausweich- oder Angriffsreaktion geduldet wird. Die Individualdistanz ist artspezifisch, jedoch auch von Umständen abhängig wie Tageszeit, Rangordnung oder Balz.

Instinkttheorie: Auch Reiz-Reaktionsmodell von Konrad Lorenz 1937 entwickelt. Ausgelöst wird die Instinktbewegung normalerweise durch einen Schlüsselreiz, der aber erst eine Reizschwelle überwinden muss. Zwischen Reiz und Reaktion vermittelt schließlich noch ein angeborener Auslösemechanismus. Je stärker ein Reiz ist, umso stärker fällt die Reaktion aus. Je stärker der innere Antrieb (die Motivation) ist, um so stärker fällt die Reaktion aus. Ein sehr starker Reiz kann auch bei fehlender Motivation eine Reaktion auslösen. Eine sehr hohe Motivation kann auch bei fehlendem Reiz eine Reaktion auslösen. Die Erkenntnisse der Neuropsychologie und der Hirnforschung haben spätestens seit den späten 1970er-Jahren deutlich gemacht, dass die Steuerung von Verhalten wesentlich komplexer ist, als in den Modellen von Lorenz und Hassenstein dargestellt. Vor allem Lorenz' Triebstaumodelle gelten heute als überholt, da deren zentrale Grundannahme – die Existenz von aktionsspezifischen Energien – durch die Methoden der Neurobiologie nicht verifiziert werden konnte.

Instinktverhalten: Ein Verhaltensmuster, das durch bestimmte Reize (Schlüsselreize) ausgelöst wird und bereits voll funktionsfähig ist, wenn es erstmalig ausgeführt wird (Milchtritt der Welpen).

Jagdverhalten: Verhalten aus dem Funktionskreis des stoffwechselbedingten Verhaltens. Jagdverhalten besteht aus den Sequenzen Appetenzverhalten, Orten, Fixieren, Hetzen, Packen, Töten, Wegtragen, Verscharren/Fressen, Verdauen und Defäkieren. Beim Jagdverhalten, vor allem bei den Sequenzen Hetzen und Packen, werden Hormone ausgeschüttet, die u.a. Schmerzreize unterdrücken und »Glücksgefühle« auslösen.

Karnivor: Fleischfresser.

Kastration: operative Entfernung der Keimdrüsen: (beim Rüden Hoden, bei der Hündin Eierstöcke), nicht gleichzusetzen mit Sterilisation.

Konfrontationstherapie: ist ein Sammelbegriff für verschiedene psychotherapeutische Interventionen. Der Begriff ist allerdings insofern irreführend, als die Konfrontation keine eigenständige »Therapieschule« (wie zum Beispiel die Gesprächspsychotherapie) darstellt. Konfrontationsverfahren werden auch als Expositionsverfahren bezeichnet und sind ein klassi-scher und in der Regel unverzichtbarer Bestandteil in der verhaltenstherapeutischen Behandlung von Angst- und Zwangsstörungen.

Kynologisch: den Hund betreffend.

Lernen durch Instinktverknüpfung: Da eine Instinkthandlung nach Definition jeweils nur eine durch Schlüsselreize ausgelöste Handlung ist, kann eine Verknüpfung nicht vollzogen werden, da hierfür wiederum fixierte Auslösereize nötig wären.

Lernen, fakultatives: Komplementär zum obligatorischen Lernen, ein Lernen, das nicht unbedingt für das Überleben notwendig ist. Sämtliche Dressurkunststücke sind hier einzuordnen.

Lernen, latentes: Lernen, welches ohne erkennbaren Grund und ohne Motivation auftritt. Es ist außerdem ein Lernen ohne Verstärkung, das sich deswegen zunächst nicht merkbar manifestiert. Kommt es jedoch zu einer bewussten Verstärkung dieses Lernens, wird der Lernfortschritt deutlich sichtbar. Aus diesem deutlichen Lernfortschritt kann man schließen, dass schon vorher ein Lernprozess stattgefunden hat, der jedoch latent bleibt, bis der Verstärker ihn hervorholt.

Lernen, kinästhetisches: Lernen durch Bewegungswahrnehmung bzw. das Lernen von Bewegungsabläufen. Will man einem Hund beispielsweise das Kommando »Sitz« per kinästhetischem Lernen beibringen, so drückt man den Hintern des Hundes nach unten während man das Kommando spricht. Nach einigen Durchgängen wird der Hund das Wort »Sitz« mit der zunächst passiv ausgeführten Bewegung nach unten assoziieren und wird diese dann nach kurzer Zeit aktiv ausführen, wenn er das Kommando hört.

Lernen, operantes: Lernen, welches die Veränderung bestimmter Verhaltensweisen bewirkt, und zwar durch die Verknüpfung von Situationsgegebenheiten mit den Auswirkungen dieser Verhaltensweisen (Belohnung oder Bestrafung). Sämtliche Lernprozesse, die in den Lernsituationen Klassische Konditionierung und instrumentelle Konditionierung ablaufen, sind hier einzuordnen. Dies sind das Lernen von bedingten Reflexen bei der klassischen, sowie das Lernen von bedingter Aktion, bedingter Appetenz, bedingter Aversion und bedingter Hemmung bei der operanten oder der instrumentellen Konditionierung.

Natürliche Selektion: ist ein Prozess der Reduktion des Fortpflanzungserfolgs bestimmter Individuen einer Population, was zur Folge hat, dass andere Individuen sich stärker vermehren. Natürliche Selektion wird durch Umweltfaktoren beeinflusst. Natürliche Selektion bedeutet nicht zwangsläufig

das Überleben des Stärkeren, sondern kann auch Kooperation und Altruismus einschließen.
Negative Belohnung: etwas Angenehmes wird fortgenommen (man isst den Keks selbst).
Negative Strafe: etwas Unangenehmes wird fortgenommen (wenn Hund Knochen auslässt, wird er sofort losgelassen).

Omnivor: Allesfresser.

Positives Strafen: etwas Unangenehmes wird hinzugefügt (scharfes Nein).
Positive Bestätigung: etwas Angenehmes wird hinzugefügt (Leckerli).
Prägung: nennt man in der Verhaltensbiologie eine irreversible Form des Lernens: Während eines meist relativ kurzen, genetisch festgelegten Zeitabschnitts (sensible Phase) werden Reize der Umwelt derart dauerhaft ins Verhaltensrepertoire aufgenommen, dass sie später wie angeboren erscheinen. Lernen durch Prägung findet statt, ohne dass Belohnung oder Bestrafung eine Rolle spielen. Lernen durch Prägung unterscheidet sich daher fundamental von einer Lernform wie dem Lernen durch Erfahrung wie z. B. durch Versuch und Irrtum.
Prägungsähnliches Lernen: Hunde durchlaufen keine Prägung, aber prägungsähnliche Prozesse, die in verschiedenen sensiblen Phasen ablaufen. In diesen Zeiten Erlerntes ist nur sehr schwer »löschbar«, Versäumtes nur schwer oder gar nicht nachholbar.

Rasselisten: sind durch deutsche Bundesländer geführte Auslistungen von Hunderassen, die rassebedingt als gefährlich eingestuft werden oder deren Gefährlichkeit vermutet wird. Für einen solchen Listenhund gelten dann bestimmte Haltungs- und Zuchtauflagen.
Reizreaktionsmuster: siehe Instinkttheorie.
Reproduktionsverhalten: Fortpflanzungsverhalten
Ressource: ist ein Mittel, eine Handlung zu tätigen oder einen Vorgang ablaufen zu lassen. Eine Ressource kann ein materielles oder immaterielles Gut sein. Für den Hund wichtige Ressourcen sind Beute (Futter, Spielzeug), Sozialpartner, Sexualpartner, Territorium.

Separationsängste: Trennungsangst, wird häufig mit Handlungen aus Frustration (Hund zerstört Dinge, wenn er allein bleibt) verwechselt.
Sozialisierungsphase: findet in einer bestimmten sensiblen Phase (beim Hund zwischen der 5. und 12. Lebenswoche) statt. Lebensabschnitt, in denen die soziale Kompetenz eines Individuums durch Erfahrungen mit Artgenossen (und/oder Menschen) geformt wird, was Voraussetzung für spätere soziale Handlungsfähigkeit, also die Aufnahme von Beziehungen, das Eingehen von Bindungen ist. Entscheidend für eine ungestörte Entwicklung.
Sozialstatus: bezeichnet den Platz, den ein Hund in seiner sozialen Gruppe (also meist die menschliche Familie) inne hat. Häufig fälschlich mit Rang(ordnung) bezeichnet.
Sozio-positive Verhaltensweisen: Verhalten, welches dazu gereicht, Sympathie zu bekunden. Beispielsweise Schnauzenzärtlichkeiten, Anstupsen etc.
Stationäre Ausbildung: Hunde werden vom Besitzer für die Dauer ihrer Ausbildung unter Abwesenheit ihres Besitzers in einer Hundeschule untergebracht
Symbiose: Bezeichnet die Vergesellschaftung von Individuen unterschiedlicher Arten, die für beide Partner vorteilhaft ist.

Eberhard Trumler: (*22. Oktober 1923 in Wien, † 4. März 1991 in Wolfswinkel) war ein österreichischer Verhaltensforscher. Er gilt als der Nestor der Kynologie (Hundekunde) im deutschsprachigen Raum. 1969 gründete er gemeinsam unter anderem mit Konrad Lorenz und Irenäus Eibl-Eibesfeldt die Gesellschaft für Haustierforschung (GfH) e.V. 1979 rief er ein weiteres Projekt ins Leben: die Haustierbiologische Station Wolfswinkel im nördlichen Westerwald. Trumlers wissenschaftliches Interesse galt vor allem dem Sozialverhalten von Hunden. Der Schwerpunkt seiner Arbeit lag auf der Beobachtung von Wildhunden und deren Kreuzungen im Rudelverband.

VPG: Vielseitigkeitsprüfung für Gebrauchshunde.

Wesensschwäche: Wesensschwache Hunde leben nach der Geburt nicht lange weiter. Sie sind in ihrer Konstitution so schwach, dass sie das Gesäuge der Mutter nicht erreichen, von dieser nicht angenommen oder tot gebissen werden.

Erik Zimen: (*12. Mai 1941 in Schweden; † 19. Mai 2003 in Grillenöd bei Haarbach in Niederbayern) war ein Biologe, der auf dem Gebiet der vergleichenden Verhaltensforschung über die Evolution der Haustierwerdung und die Verhaltensgenetik der Domestikation am Beispiel von Wölfen und Haushunden arbeitete. Im Nationalpark Bayerischer Wald und in den Abruzzen betreute er Forschungsprojekte mit Wölfen. Erik Zimen wurde als Buchautor und Dokumentarfilmer populär. Er galt als der bedeutendste Wolfsexperte und als einer der kenntnisreichsten Kynologen Deutschlands. In einem Nachruf verglich die FAZ ihn mit der »Schimpansenmutter« Jane Goodall und dem »Graugansvater« Konrad Lorenz. 2001 gründete Zimen das CANIS – Zentrum für Kynologie.